嗜好品の謎、嗜好品の魅力

高校生からの歴史学・日本語学・社会学入門

成蹊大学人文叢書15

成蹊大学文学部学会 編

責任編集 小林 盾・中野由美子

風間書房

イントロダクション

1――この本の目的

皆さんは、コーヒーと紅茶だったら、どちらをよく飲みますか。洋菓子と和菓子だったら、どちらが好きでしょうか。成人であれば、お酒やたばこを嗜むという人も、いることでしょう。

では、コーヒーや紅茶は、どのような歴史を経て現在のように飲まれるようになったのでしょうか。チョコレートはもともと飲み物だったのが、どうして食べられるようになったのでしょうか。和菓子の包装紙には、しばしば見たことのない平仮名（らしき文字）が書かれています。あれは何なのでしょうか。どんな嗜好品でもかんたんに入手できるようになった現在、日本人にはどのような嗜好品が人気なのでしょうか。

この本は、こうした**謎**を巡って考えることで、嗜好品がどのような**魅力**を持つのかを解明していきます。ここで**嗜好品**とは、「栄養摂取を目的としないで口にするもの」とひろく捉えましょう。代表的なものに、コーヒー、お茶、菓子（スイーツ）、お酒、たばこがありますが、この本では（肉を含めるなど）ゆるやかに捉えることにしました。

過去から現在まで、およそどのような社会にも嗜好品が存在してきました。嗜好品は、生活に彩りやアクセントを与え、豊かなライフスタイルを支えるものといえるでしょう。もし嗜好品がまったくなければ、ともすれば日々の生活から潤いが失われてしまうかもしれません。さらに、これからのグローバル時代に、相手の嗜好品の背景や意味づけを知ることは、相互理解に不可欠となることでしょう。

そこで、この本では「ある嗜好品は歴史のなかでどのような背景から成立し変遷したのか」「現代社会のなかでどのような役割を果たしているのか」「なぜ人びとは『お酒は社会にとって害悪だ』といった物語を嗜好品に与えることがあるのか」「メディアは嗜好品をどのように扱ってきたのか」といったさまざまな謎を取りあげ、その裏にある嗜好品の魅力を探ることにします。そのために、**歴史学**、**日本語学**、**社会学**という3つの学問分野から、さまざまな謎にアプローチしていきましょう。

2——構成、主な読者

大きく2つに分かれ、第1部では5つの章で**世界の嗜好品**が扱われます。時代でいえば主に16世紀から現代まで、地域はトルコ、イギリス、アメリカ合衆国、インドネシアにまたがります。

嗜好品として、コーヒー、紅茶、チョコレート、お酒、たばこ、菓子などが分析されます。
第2部では、4つの章で**日本の嗜好品**が対象となります。時期は奈良時代から江戸時代を経て現在まで、（嗜好品としては意外かもしれませんが）肉、和菓子、コーヒー、お酒、たばこなどについて、歴史や現状が明らかにされます。

それぞれの部のなかでは、おおむね時代の古いものから現代へと章が並んでいます。ただし、各章はそれだけで読めますので、好きな章から読みはじめてください。ちょっとした世界旅行、時間旅行ができるかもしれません。

なお、読みやすくなるよう、各章は共通して4つの節で構成され、第1節が謎、第4節が魅力となるよう統一されています。章の末尾には**読書案内**があり、さらに深く勉強できるようにしました。豊富な写真、厳選された図版も、理解を助けることでしょう。

読者には、嗜好品に関心のある**高校生**、**大学生**、**専門学校生**、**社会人**が想定されています。また、歴史学、日本語学、社会学といった学問分野について勉強したいと思っている人にとっては、入門書の役割も果たすことでしょう。

3——この本の背景

この本は、成蹊大学文学部学会から、**成蹊大学人文叢書**の第15巻として刊行されます。このシ

リーズは、成蹊大学文学部の教育・研究活動の成果を社会に発信することを趣旨としています。

成蹊大学文学部には、英米文学科、日本文学科、国際文化学科、現代社会学科の4つの学科があります。そこで、この本では各学科から1名以上参画してもらうことにしました。その結果、文学部教員の多様性が活きて、歴史学、日本語学、社会学という多彩な立場から、嗜好品という複雑なテーマに多元的にチャレンジすることができました（写真は執筆者のうち成蹊大学文学部教員、前列左から中野、小林、有富、後列左から佐々木、権田、竹内、久保田、稲葉）。巻末に執筆者一覧があり、そこに各執筆者の「好きな嗜好品」が掲載されています。個性がよく現れているのではないでしょうか。

もともと、責任編集者である小林と中野との間で「せっかく文学部には多趣味な人が多いのだから、食べ物やお酒をテーマに本を書けないだろうか」というアイディアが出ました。これが出発点となり、何人かの同僚に話したら「面白そう」「ぜひ参加したい」という方がいたため、今回の形へとまとまっていきました。

執筆にあたり、責任編集者から「嗜好品がテーマですので、ぜひ楽しんで執筆してください」とお願いしました。出来ばえはどうだったでしょうか。執筆者のワクワク、ドキドキした気持ちが、読者の皆さんにも伝わったらいいなと思います。

なお、責任編集者のうち小林にとって、この本は人文叢書シリーズの2冊目となります。1冊目である『**データで読む日本文化：高校生からの文学・社会学・メディア研究入門**』（人文叢書11、２０１５年）も、この本の姉妹本のように読んでもらえたらと思います。

4——謝辞

成蹊大学文学部共同研究室の市川智子さん、井上崇さんには、事務作業を担当してもらいました。成蹊大学文学部の先生方には、シリーズの1冊として刊行することを認めていただきました。森雄一文学部長には、企画の段階から相談に乗ってもらい、その後もずっと進捗をサポートしていただきました。

表紙の竹久夢二の絵は、京都にある夢二カフェ五龍閣から提供していただきました。

この本は図版が多く、またスケジュールがタイトだったため、風間書房の風間社長には多くのご負担をおかけしました。それでも、つねに温かく見守ってくださったおかげで、刊行に至ることができました。皆さまに心より感謝いたします。

この本を通して嗜好品への理解が深まり、皆さんが嗜好品の豊かな魅力をあらたに発見できたなら、このうえない喜びです。

2018年2月

責任編集者　小林　盾
中野由美子

嗜好品の謎、嗜好品の魅力
——高校生からの歴史学・日本語学・社会学入門——　目次

第1部——世界の嗜好品

第1章 コーヒーか、紅茶か
――トルコにおける嗜好飲料の変遷、歴史学からのアプローチ

佐々木　紳

1――謎

イスタンブルは、アジアとヨーロッパにまたがるトルコ最大の都市です。この町のヨーロッパ側には、金角湾とよばれる入り江が横たわっています。その入り江の奥まったところにあるエユップの丘の上に、「ピエール・ロティのチャイハーネ」という名で親しまれている茶店があります。トルコ語で「チャイ」は茶（とくに紅茶）を、「ハーネ」は家や店を意味するので、「チャイハーネ」はまさに茶店です。イスタンブルの町並みを西側から一望できるこの場所は、いつも観光客でにぎわっています（図1・図2）。

この店の名は、19世紀後半のトルコ――当時はオスマン帝国とよばれる大国でした――に滞在してここに通ったというフランスの作家、ピエール・ロティ（１８５０―１９２３年）にちなみま

図 1　ピエール・ロティの「チャイハーネ」。しかし、屋外のパラソルには「カフヴェハーネ」の文字が……。(2017年筆者撮影)

図 2　店のとなりの展望台から金角湾とイスタンブル市街を望む。(2017年筆者撮影)

す。海軍士官としてアジア、アフリカ、オセアニアをめぐったロティは、この時代のイスタンブルを舞台にした半自伝的小説『アジヤデ』（1879年）とその続編にあたる『東洋の幻想』（1891年）のほか、タヒチやセネガルを舞台にした小説、また日本を舞台にした『お菊さん』（1887年）という小説も著しています。

さて、現在はチャイハーネすなわち茶店として知られるこの店も、19世紀にはトルコ語で「カフヴェ」または「カフヴェハーネ」とよばれていました。いずれもコーヒーを供する店、つまりカフェを意味します。それどころか、この店の正式名称は、今でも「ピエール・ロティのカフヴェハーネ」なのです。私はずっと「ピエール・ロティのチャイハーネ」が正式な店名だと思い込んでいたので、これは少々意外でした。いったい、この店はカフヴェハーネなのでしょうか。それともチャイハーネなのでしょうか。そして、ここでは何を飲むのが「正解」なのでしょうか。コーヒーでしょうか。紅茶でしょうか。

そもそもアラビア語の「カフワ」（qahwa）に由来するトルコ語の「カフヴェ」（kahve）は、コーヒーまたはコーヒー店を意味します。あとで述べるとおり、コーヒーはまず中東に広まり、それからヨーロッパ各地に伝わりました。英語のコーヒー（coffee）やフランス語のカフェ（café）という言葉も、トルコ語のカフヴェに由来します。とくにコーヒーを供する店を指す場合には「カフヴェハーネ」という言葉が使われますが、英語の「コーヒーハウス」はこれを直訳したものと考えてよいでしょう。

19世紀のイスタンブルを舞台にしたロティの作品にも、カフヴェハーネはひんぱんに登場します。たとえば『アジヤデ』の終盤で、主人公の「ぼく」は恋人アジヤデと別れてこの町を去る間際、エユップのなじみの「コーヒー店」を訪れます。

ぼくがスレイマンのコーヒー店に入ると、皆がざわめいた。ぼくは姿を消した人間、決定的に、永遠にかき消えてしまった人間とみなされていたからだ。〔中略〕しかし〔友人の〕アフメットは、ぼくのために送別会を開くつもりであり、まず楽隊を呼びつけた。〔中略〕水《み》煙管《ぎせる》とトルコ・コーヒーが、ぼくのまえに運ばれてくる。ひとりの少年が、十五分ごとに煙管とコーヒーをとりかえる役目をいいつかる。アフメットはその場に居合わせた人々の手をとって輪をつくり、皆を踊りに誘っている（ピエール・ロティ『アジヤデ』工藤庸子訳、新書館、2000年、215―16頁）。

このほかにも、ロティの作品にはカフヴェハーネがたくさん出てくるのですが、不思議なことにチャイハーネは登場しません。「ピエール・ロティのチャイハーネ」というからには、少しくらい出てきてもよさそうなものですが、ロティの作品中にそれらしき描写は見あたらないのです。ロティの作品には、なぜカフヴェハーネしか描かれていないのでしょうか。そして、そのロティが通ったカフヴェハーネは、なぜチャイハーネとして親しまれるようになったのでしょうか。謎は深まるばかりです。

じつは、ロティが生きた19世紀後半から20世紀初頭にかけて、トルコは嗜好飲料の一大転換期を迎えていました。それはまた、激動する近現代史のなかで、トルコの置かれた立場が大きく変化していく時期にも重なります。ロティのカフヴェハーネがチャイハーネとして知られるようになったのも、どうやらこれらの事情と関係がありそうです。そこで、この章では、コーヒーと紅茶に焦点をあてて、トルコにおける嗜好飲料の歴史的変遷について考えてみましょう。

2——コーヒー、きたる

コーヒーの原産地には諸説ありますが、アフリカのエチオピアのあたりに一つの源流があったことはまちがいありません。一説によれば、エチオピア原産のコーヒーは、まず紅海をこえて対岸のイエメンに伝わりました。イエメン産のコーヒー豆を「モカ」といいますが、この名はかつてコーヒーの積出し港として栄えたイエメン南西部の町モカ（アラビア語では「ムハー」と発音します）に由来します（図３）。

さて、イエメンに渡ったコーヒーは、そこからイスラームの聖地メッカやメディナのあるアラビア半島西部を北上してエジプトやシリアに入り、16世紀前半にはオスマン帝国の都イスタンブルに達しました。こうして中東にコーヒーが普及するにあたっては、修行を通して神との合一を

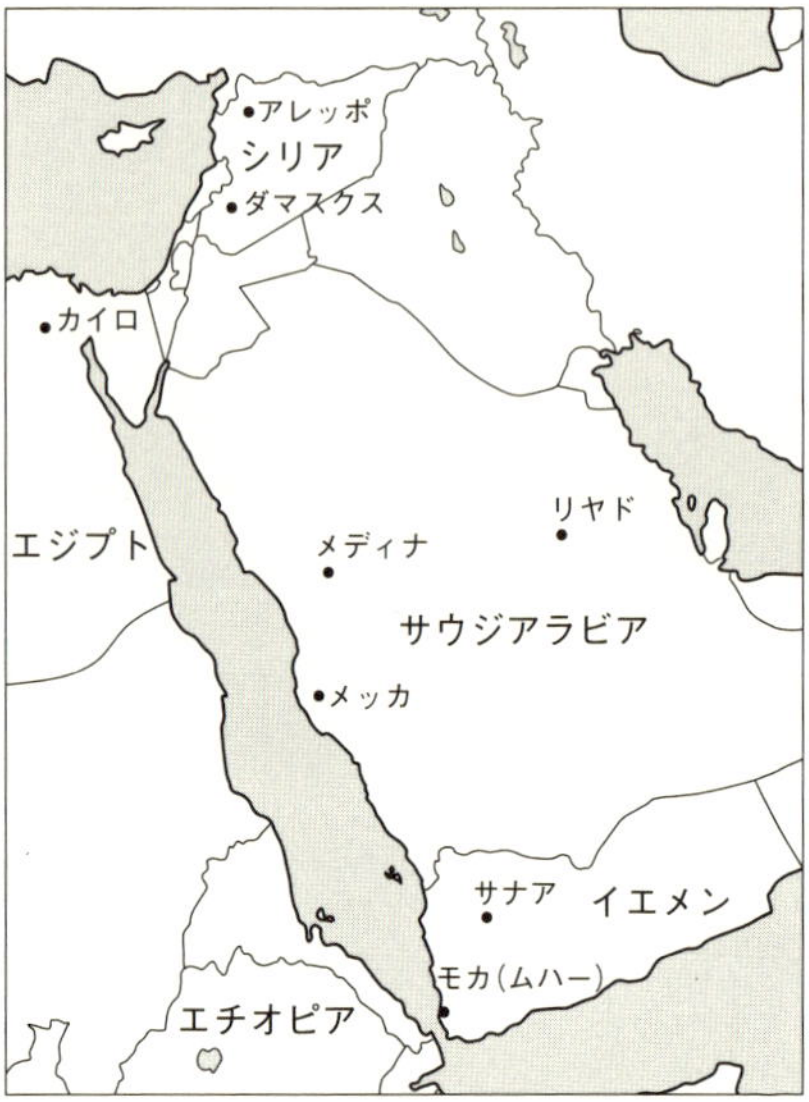

図3　アラブ地域要図（国境線は現在のもの）

めざすスーフィー（イスラーム神秘主義者）が重要な役割をはたしたと考えられています。一部のスーフィーは、夜通しで修行をおこなう際などに、眠気覚ましとしてコーヒーを用いたといわれます。

16世紀なかばには、イスタンブルにカフヴェハーネが現れました。この経緯について、オスマン帝国の歴史家イブラヒム・ペチェヴィー（1574―1650年）が著した年代記には、つぎのような記述があります。

ヒジュラ暦962年〔西暦1554年または55年〕にいたるまで、首都コンスタンティノープル〔イスタンブル〕やルメリ〔オスマン帝国のバルカン領〕には、コーヒー《カフヴェ》やコーヒー《カフヴェ》ハウス《ハーネ》は存在しなかった。この年のはじめ、アレッポからハケムと名のる者、またダマスクスからはシェムスという名の者がやってきて、タフタカレ〔イスタンブルの港近くの地区〕にそれぞれ大きな店を開き、コーヒー《カフヴェ》を売りはじめた（İbrâhîm Peçevî, *Târîh-i Peçevî*, vol. 1,

İstanbul, 1866/67, pp. 363–64. 日本語訳として、歴史学研究会編『世界史史料２』岩波書店、２００９年、２６７ページ。訳文を一部改めた）。

16世紀なかばといえば、オスマン帝国はスレイマン1世（在位１５２０—６６年）のもとで全盛期を迎えていました。この話に登場する「ハケム」と「シェムス」が実在の人物かどうかはわかりませんが、少なくともこのころにはイスタンブルにカフヴェハーネが存在したようです。そこには読み書きのできる貴人や文人がつどい、コーヒーを飲みながら、自作の詩を披露したり、ゲームを楽しんだりしたといわれます。一方、ペチェヴィーによれば、こうした新奇の娯楽と社交の場を快く思わぬ人びともいたようです。

礼拝の導師《イマーム》や礼拝の呼びかけ人《ムアッズィン》、嘘つきスーフィーたちは、「人びとはコーヒーハウス《カフヴェハーネ》に入りびたっている。モスクにはだれも来なくなった」といった。学者たち《ウラマー》も、「これは悪徳の場である。こんなところに行くくらいなら、居酒屋に行ったほうがましだ」といった。とくに説教師《ワーイズ》たちは積極的に禁止を求めた。そして法学裁定官《ムフティー》たちは、「炭のように焼けてしまったものを食べることは禁止《ハラーム》である」という法学裁定《ファトワー》を出した。今は亡きスルタン、ムラト3世〔在位１５７４—９５年〕の御代には禁止令も出されるようになった（Peçevî, *Târîh-i Peçevî*, vol. 1, p. 364. 歴史学研究会編『世界史史料２』２６８ページ。訳文を一部改めた）。

コーヒーがはじめてアラブ地域に伝来したときも、飲酒による酩酊《めいてい》を禁じるイスラームの観点から、酩酊に似た高揚感を得られるコーヒーを飲用することの是非をめぐって論争がおきました。また、不特定多数の人びとが集まるカフヴェハーネは、ともすれば悪事や犯罪の温床となりかねず、当局は何度も禁止令を出しました。しかし、時流にさからうことはできず、やがてコーヒーもカフヴェハーネもオスマン帝国の各地に普及します。

こうして、コーヒーはまず中東を中心とするオスマン帝国の領域に広まり、それからヨーロッパ諸国に伝わりました。16世紀後半には、東方貿易に携わるイタリア商人を介して地中海世界に広まり、17世紀に入るとイギリスやフランスに伝わります。イギリスでは17世紀なかば、オクスフォードにはじめてコーヒーハウスができました。イスタンブルにカフヴェハーネが現れてから100年後のことです。フランスでは、ブルボン朝のルイ14世（在位1643―1715年）のもとに派遣されたオスマン帝国の外交使節がパリの人びとにコーヒーをふるまったことで、流行が始まったといわれます。

コーヒーやタバコを喫しながらくつろぎ、種々のゲームに興じ、そして商談や政談、ときには謀議の場ともなった点で、オスマン帝国のカフヴェハーネと西欧諸国のコーヒーハウスとのあいだに大差はありません。しかし、西欧諸国のコーヒーハウスが早くからジャーナリズムと結びつき、市民による自由な議論の場としての「公共圏」の形成に寄与したとされるのにたいして、オスマン帝国のカフヴェハーネがジャーナリズムと結びつくのは、19世紀をまたなければなりませんでした（図4）。

オスマン帝国では、19世紀なかばを過ぎると新聞や雑誌がさかんに発行されるようになります。すると、それらを店内で閲覧させたり、読み聞かせたりするカフヴェハーネが現れました。こうした店は、とくに「クラーアトハーネ」とよばれました。新聞や雑誌を「読む店」を意味します。もちろん、文字を読める人は自分で新聞や雑誌を読むのですが、文字を読めない人でも、文章を読み上げてもらえば内容を知ることができます。クラーアトハーネは、文字を読める人だけでなく、読めない人にも開かれた場所でした。

図4　オスマン帝国時代のカフヴェハーネ（17世紀初頭）。（Kemalettin Kuzucu and M. Sabri Koz, *Türk Kahvesi*, İstanbul, 2015, p. 148.）

ここでようやく19世紀後半、つまりピエール・ロティがイスタンブルを訪れた時期にたどりつきました。このころには、イスタンブルのような大都会はもとより、田舎のちょっとした町でもカフヴェハーネやクラーアトハーネがみられるようになります。

この時代にあっても、トルコの嗜好飲料の定番はコーヒーでした。そのことを裏づける興味深い史料があります。『アヘン中毒者たち』という少々物騒なタイトルの冊子がそれです。著者は不明ですが、1857年にイスタンブルで刊行されました。これは、当時のオスマン帝国で人びとに親しまれていた嗜好品、すなわち、アヘン、ベルシ（アヘン入りのシロップ）、大麻、ボザ（穀物から作る発酵飲料）、ワイン、ラク（ブドウから作る蒸留酒）、コーヒーが集まって、嗜好品のチャンピオンを決めるという物語です。コミカルな挿絵がたくさん付されている点もおもしろいのですが、いかんせん、アルコール類は未成年にすすめられませんし、アヘンや大麻にいたっては成年であっても厳禁です。そこで、以下ではコーヒーに関する部分だけを紹介することにしましょう。

物語は、嗜好品の最古参格とされるアヘンが登場するところから始まります。つづいて、それぞれ擬人化されたベルシ、大麻、ボザ、ワイン、ラクが現れて着座し、最後にタバコを引き連れてコーヒーが登場します。すると一同は立ち上がり、アヘンとベルシはつぎのようにコーヒーをたたえて迎え入れます。

よくきた、世界の活力の源よ。人間たちは汝《なんじ》の虜《とりこ》なり。汝が現れてから、われらは人気を失った。実際、宗教のお偉いがたも人間たちもジン〔精霊〕たちも、汝〔の虜〕なり（*Afyon Tiryâkileri*, İstanbul, 1857, pp. 7–8）。

こうして一堂に会した嗜好品たちは、つぎに自分の長所を述べあいます。やがてコーヒーの番がやってきました。そもそも「この世にほかのだれよりも早く現れた」というコーヒーは、各地を放浪したあげくイエメンの山奥でひっそり暮らしていたところ、著名なスーフィー導師の「シャイフ・シャーズィリー様のお目にとまるという栄誉に浴した」といい、それ以来、中東において「貧しき者がすすり、敬虔なる者が口にするもの」になったといいます。1杯のコーヒーがなければせっかくの饗宴もだいなしになる、とたいそうな自信です。結局、一同はコーヒーの言い分に納得して、コーヒーを嗜好品の王者に認定しました（図5）。

図5　コーヒー、きたる。『アヘン中毒者たち』の挿絵より。手前の右から2人目、ひげをたくわえた「人物」がコーヒー。奥の6人は、右から順にアヘン、ベルシ、大麻、ボザ、ワイン、ラク。

イエメンからスーフィーの手で中東各地に広まった点など、この物語には何らかの史実を反映していると考えられる部分がみられます。また、当時のオスマン帝国の人びとがコーヒーに抱いていたイメージを知る手がかりにもなります。むろん、この冊子が刊行された19世紀なかばにあっても、コーヒーはトルコにおける嗜好飲料のチャンピオンなのでした。

一方で、この物語には紅茶が登場しないことに注意してください。当時の名立たる嗜好品のなかに紅茶が入っていないことは、この時期のトルコにおいて、紅茶がさほどポピュラーな嗜好飲料ではなかったことを示唆しています。では、茶はどのようにしてトルコに到来し、人びとに親しまれるようになったのでしょうか。

3——カフヴェからチャイへ

中国を原産地とする茶は、まず日本を含む東アジアに広まり、17世紀にオランダ東インド会社を介して本格的にヨーロッパに伝わりました。トルコ（オスマン帝国）に茶が到来した時期や経路について、はっきりしたことはわかりません。東アジアから「シルクロード」を経て陸路で伝わったとも、大航海時代にヨーロッパ商人を介して海路で伝わったともいわれます。オスマン帝国の君主（スルタン）が住まうトプカプ宮殿の帳簿には、18世紀初頭に茶の記録が現れますが、茶が庶民の手に届くようになるのは19世紀に入ってからのことのようです（図6）。

ところで、茶が育たないヨーロッパ諸国は、それまでおもに中国から茶を輸入していましたが、19世紀に入ると、インドの植民地化を進めるイギリスがアッサム地方で茶の栽培に成功します。こうして茶の産地は徐々に多角化し、市場への供給量も増加します。ここに、「全世界で茶がコーヒーと競合する状況が到来する」ことになりました（Kemalettin Kuzucu, *Bin Yılın Çayı*, İstanbul, 2012, p. 69）。

オスマン帝国もそれまでは茶を輸入に頼っていましたが、19世紀後半から少しずつ国産化に向けた試みが始まります。たとえば、アナトリア北東部の黒海沿岸に位置するトラブゾン州では、1879年に32トンの茶が産出したという記録が残っています。1880年代には、中国から茶の苗木を取りよせ、アナトリア北西部のブルサで栽培の試みが続けられました（図7）。1890年代には、ときのスルタン、アブデュルハミト2世（在位1876―1909年）のたっての希望で、日本に茶の種子と苗木を発注します。有名な「エルトゥールル号遭難事件」（1890年）がおきた直後でもあり、トルコで日本への関心が高まっていたことが背景にあると考えられます。しかし、せ

図6　トルコの紅茶と家庭用のティーポット（チャイダンルック）。上段の小さなやかんには茶葉と水を、下段の大きなやかんには水だけを入れてわかす。飲むときには、上段で作った濃い紅茶をグラスに適量注ぎ、下段で作ったお湯を足して濃さを調節する。（2018年筆者撮影）

図7　アナトリア半島要図（国境線は現在のもの）

っかく取りよせた苗木もトルコの気候には合わなかったらしく、いずれの試みもうまくいきませんでした。

品種改良をともなう茶の栽培がトルコで本格化するのは、20世紀に入ってからのことです。これには2人のトルコ人が貢献しました。一人は、イスタンブルの郊外にあるハルカル農学校の教員（のち校長）を務めていた、アリ・ルザ・エルテン（1887―1964年）という人物です。彼は、茶の生育に適した土地として、アナトリア北東部からカフカース（コーカサス）南西部にかけての地域に注目し、1918年にはみずから調査におもむきます。そして、その調査報告書を、『北東アナトリアとカフカースにおける農業調査』と題して1924年に刊行しました。

この冊子には、調査対象地域における茶や柑橘類《かんきつるい》の栽培に関する情報が図版を交えて詳細に紹介されているのですが、トルコにおける嗜好飲料の歴史的変遷とのかかわりで重要なのは、その序文です。そこには、それらの作物をなぜ、トルコ国内で栽培しなければならなくなったのかが、当時の時代状況をふまえて記されています。

ところで、第一次世界大戦（1914—18年）では、イギリス、フランス、アメリカなどの連合国側がドイツやオーストリア＝ハンガリーに勝利しました。オスマン帝国はドイツ側で参戦したため、敗戦国となります。この状況下でトルコの農業の将来を考えるにあたり、アリ・ルザが注目したのは、大戦後の世界における勝者と敗者の境遇のちがいでした。先ほどの調査報告書の序文には、つぎのように記されています。

> こんにち、勝利した諸国民の凱旋門《がいせんもん》は、彼らが獲得した領土で飾り立てられている。一方、敗北した人びとは、領土を失ってしまったがために毎年国外に流出を余儀なくされるであろう国富の総額を前にして、きっと恐れおののいているにちがいない（ʻAlī Rızâ [Erten], *Şimâl-i Şarkî Anadolu ve Kafkasya'da Tedkîkāt-ı Zirâʻiyye*, İstanbul, 1924, p. 3)。

敗戦国トルコは1920年、戦勝国とセーヴル条約を結びます。これは、トルコに大幅な領土縮小を迫る、たいへん過酷な講和条約でした。その後、1923年のローザンヌ条約で、トルコは講和条件の改定に成功し、アナトリアの全域とイスタンブルを含むトラキア東部を確保しますが、それでも領土が減少したことに変わりはありません。

じつは、この領土喪失の過程で、コーヒーはトルコにおける嗜好飲料の王座を紅茶に譲ることになりました。第一次世界大戦後、オスマン帝国はイエメンを含むアラブ地域をすべて手放します。つまり、「国内」のコーヒー産地を失ったのです。それまで国産品として安価に入手できたコーヒーは、一夜にして高価な輸入品になってしまいました。アリ・ルザの「予言」どおり、それまで国産品だったものを輸入品として購入せざるをえなくなったトルコは、以後、食糧自給率を高めるべく、農産物の国産化に力を入れるようになります。第一次世界大戦後にトルコで茶の国産化が進んだ背景には、以上のような事情があったのです。

トルコにおける茶の国産化に貢献した2人目の人物、ズィフニ・デリン（1880—1965年）も、この国の農業の行く末を案じ、農産物の国産化の重要性を理解していました。ハルカル農学校を卒業し、1923年のトルコ共和国成立後に経済省の農業総局長となったデリンは、第一次世界大戦後のアナトリア北東部における失業・貧困対策として、茶業の振興を立案します。とくに、茶や柑橘類の栽培に成功した黒海南東岸の町バトゥミ（当時はソ連領）から茶の苗木を取りよせ、気候のよく似た近隣のトルコ領の町リゼに土地を確保して試験栽培を始めました。この地には現在、「チャイ研究所」という研究施設が建てられていますが、その敷地内にはデリンの胸像がすえられています（図8・図9）。

一方、デリンは茶業振興のための法整備にも努め、リゼ県選出の国会議員に働きかけて、1924年に「リゼ県とボルチカ郡におけるヘーゼルナッツ、ネーブル、レモン、ミカン、茶の栽培に関する法律」の制定にこぎつけます（ボルチカ郡はリゼ県のとなりのアルトヴィン県に属しています）。その内容は、以下のとおりです。

第1条　リゼ県とアルトヴィン県ボルチカ郡内にある雑木林やハンノキ林は、農業技師がもたらす報告書に従って伐採撤去され、代わりに地権者は、土地本来の性質に合わせて、ヘーゼルナッツ、ネーブル、レモン、ミカン、茶などの有用な苗木を定植しなければならない。

第2条　政府は県の最も好適な場所に茶とネーブルの苗木栽培場を設置し、その管理を熟練

図８　リゼの山並み。斜面には段々畑状の茶園がみえる。（2017年筆者撮影）

図９　ズィフニ・デリンの胸像。台座には「トルコ茶業の創始者」と記されている。（2017年筆者撮影）

した技手に委ねる。
第3条　定植用の苗木は、政府が無償で提供する。
第4条　この法律の公布日から6カ月以内に、政府によって必要な科学的調査が実施されて、苗木栽培場の区域が選定され、地権者に通知される。この作業の完了後、地権者は耕地を準備し、遅くとも3年以内に苗木栽培場を完成させなければならない。
第5条　この期間内に苗木栽培場とされた土地からは、10年間、土地税を徴収しない。
第6条　この法律は、公布日から施行される。
第7条　この法律の施行は、内務大臣、財務大臣、経済大臣の所管とする。
（ʻAlî Rızâ, *Şimâl-i Şarkî Anadolu ve Kafkasya'da Tedkîkât-i Zirâ'iyye*, p. 91）

第2条からもわかるとおり、同法は何よりもまず、リゼ一帯における茶業振興を国策として支援するために制定されました。これですぐに軌道に乗ったわけではないのですが、以後、トルコにおける茶の国産化は着実に進んでいくことになります。

4――魅力

この章では、コーヒーと紅茶に注目して、トルコにおける嗜好飲料の歴史的変遷をたどってきました。16世紀にトルコに伝わったコーヒーは、19世紀までは嗜好飲料のチャンピオンでした。ところが、第一次世界大戦で敗北したトルコは、コーヒー産地を含む多くの領土を失います。その結果、残されたアナトリアの地、とくにリゼを中心とする北東部で、当地の気候に適した茶の栽培が本格化します。これによって、トルコの主たる嗜好飲料は紅茶に変わっていきました。

ここまでくれば、この章のはじめに掲げた疑問――ピエール・ロティのカフヴェハーネはなぜチャイハーネとして親しまれるようになったのか――について、ある程度の答えが用意できそうです。すなわち、コーヒーがトルコにおける嗜好飲料の王座にあった19世紀、ロティの通った店は、名実ともにコーヒーを供するカフヴェハーネでした。彼の作品にコーヒーやカフヴェハーネがたくさん登場するのも、19世紀のイスタンブルを舞台にしていたからにほかなりません。

ところが、20世紀に入り、トルコで紅茶が広く飲まれるようになると、街中ではチャイハーネがめだつようになりました。ロティのカフヴェハーネでも、おのずと紅茶を供することのほうが多くなり、やがてカフヴェハーネよりもチャイハーネとして親しまれるようになった、と考えられます。1杯のコーヒー、1杯の紅茶のなかにも、じつに味わい深い歴史が秘められているものです。

こうして現在のトルコでは、紅茶が嗜好飲料の定番となっています。とはいえ、「元チャンピオン」のコーヒーも、紅茶に比べてやや割高ですが、今も人びとに愛されています。そのトルコ・コーヒーのカップのなかには、歴史だけでなく未来も隠れていることをご存知でしょうか。

トルコ・コーヒーは、コーヒー豆を挽《ひ》いてできた粉を、「ジェズヴェ」とよばれる専用の小鍋で煮出して作ります。ころあいを見はからって煮汁をカップに注いだら、しばらくそのままにしておき、煮出した粉が沈殿するのを待ちます。粉が沈み切ったら、上澄みの部分だけを味わうのですが、こうしてコーヒーを飲み進めていくと、カップの底には煮出した粉の澱《おり》がたまります。そこで、上澄みを飲み切ったら、カップをソーサーにひっくり返してしばらく待ちます。すると、その澱はゆっくりと流れ落ち、カップの内側やソーサーの上に模様を残します。その模様を

図10　トルコ・コーヒーとジェズヴェ。
(2018年筆者撮影)

図11　「コーヒー占い」をやってみたが……。(2018年筆者撮影)

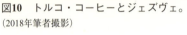

利用しておこなうのが、「コーヒー占い」（カフヴェ・ファル）です（図10・図11）。

模様がまん丸にみえれば万事順風満帆、ハート型にみえれば恋の予感、ラクダ型にみえれば旅行の兆し（ラクダというのが中東っぽくて素敵です）というように他愛もないものですが、なかにはよく当たると評判のコーヒー占い師もいるそうです。あまり見かけませんが、紅茶のグラスの底に残った滓《かす》を利用して同様におこなう「チャイ占い」もあるといいます。歴史を味わえば、未来がみえる——こんな魅力を備えている点も、トルコでコーヒーと紅茶が愛されつづけている理由の一つかもしれません。

読書案内

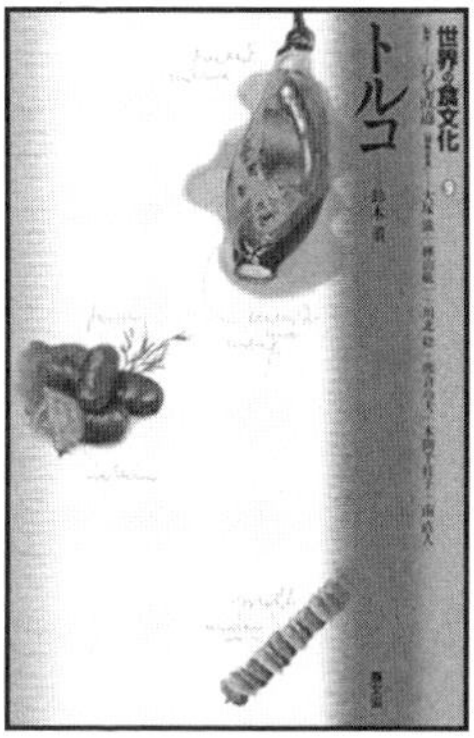

コーヒーと紅茶を含むトルコの食文化の歴史については、鈴木董『トルコ』（世界の食文化⑨、農山漁村文化協会、２００３年）に詳細な解説があります。コーヒーと紅茶をめぐる世界史的な見取り図は、旦部幸博『珈琲《コーヒー》の世界史』（講談社現代新書、講談社、２０１７年）や角山栄『茶の世界史』（改版、中公新書、中央公論新社、２０１７年）で得ることができます。この章では触れませんでしたが、コーヒーと紅茶につきものの砂糖については、中東イスラーム史の観点から、佐藤次高『砂糖のイスラーム生活史』（岩波書店、２００８年）がおすすめです。

第2章 「食べる」チョコレートはどのように生まれたのか
――イギリスの役割、歴史学からのアプローチ

竹内敬子

1――謎

1・1――チョコレートの魅力

チョコレートは多くの人から愛されているお菓子です。口のなかにチョコレートを入れると、それは、ほどなくなめらかに溶け出し、カカオの風味と苦み、心地よい砂糖の甘さが口の中いっぱいに広がり、私たちを幸せな気持ちにしてくれます。

チョコレートには、なぜか「特別感」があります。チョコレートが好きな人は、口を揃えて「チョコレートのような食べ物は他にはない」と言います。

チョコレートは「神話的」な食べ物だ、と言われることもよくあります。ただ、チョコレートにまつわる「神話」は、さまざまで、しばしば、相矛盾することもあります。

チョコレートには、一方では、贅沢でエキゾチックなファンタジーの世界に私たちをいざなってくれるもの、というイメージがあります。口のなかでとろけるチョコレートを味わう間、私たちは別世界に浮遊することが出来るのです。

他方で、日常的で、手軽でパワフルなエネルギー補給、栄養補給の手段、というイメージもあります。「登山する時はチョコレートを持って行きなさい。遭難してもチョコレートさえあれば、何日も生きのびることが出来ますよ」というような言葉を聞いたことがあると思いますが、これなどは、まさに、チョコレートの「パワフルさ」を示していますね。

チョコレートが「特別」なものとして意識されることの理由のひとつは、それが「絶妙なバランス」の中で存立している、ということもあるかもしれません。チョコレートの中に含まれるココアバターは28～33℃で融解します。ココアバターは25℃くらいまでは80％以上が結晶で固体の状態を保ちますが、25℃をこえると少しずつ溶け始め、30℃を越えると一気に結晶の割合が減少します。この「落差」こそが、チョコレート独特のテクスチャー（食感）の秘密であり、チョコレートの魅力とのことです。食べる前は手でパキンと割ることも出来る「スナップ性」のある固体が、口のなかに入れたとたん、とろりと溶け始める訳ですが、カカオバターが「一気に」溶け始める温度が人の口の中の温度に等しい、という「偶然」が、私たちをこんなにもうっとりとさせる、チョコレートが口中で溶ける時の「とろりとした感じ」をもたらしてくれているのです。

（上野聡『チョコレートはなぜ美味しいのか』集英社新書、２０１６年）

チョコレートの原料の原材料であるカカオの木（学名はテオブロマ・カカオ）が育つ条件は、とても限られたものです。カカオの木は、赤道から20度以内、標高300メートル以下の高温多湿の熱帯地域にしか生息しません。この条件を満たしているのは、中南米、西アフリカ、東南アジアだけです。原料が限られた地域からしか入手出来ない、ということも、私たちにチョコレートを「特別」なものと感じさせる要素になっているのだと思います。

1・2――「飲む」ものから「食べる」ものへ

さて、これまで、チョコレートを「食べる」ものとして話を進めてきました。しかし、チョコレートの歴史をたどると、実は、「飲む」ものであった時代の方が長いのです。「飲む」チョコレートと言えば、みなさんは、すぐに「ココア」や「ホットチョコレート」を思い浮かべるでしょう。しかし、かつてのチョコレートは、今日私たちが親しんでいるような甘みのある飲み物ではありませんでした。チョコレートが「甘くなかった」時代もまた長く、それは、チョコレートの歴史の約半分を占めています。

さて、「飲みもの」としての長い歴史を経た後、どのようにして「食べる」チョコレートは誕生したのでしょう。そして、どのようにして、私たちにとって身近で日常的な存在となったのでしょうか。

さきほど、チョコレートには、相矛盾するイメージが並存していると言いました。ここでは、そのうちの「大衆的なチョコレート」の歴史を、チョコレートの大衆化にとりわけ大きな役割を果たしたイギリスのチョコレート産業の発展を中心に論じて行きたいと思います。

2——飲むチョコレート

本論に入る前に、まず飲むチョコレートの歴史を概観しましょう。これは、大きく言うと2つの部分に分かれます。チョコレート（正確にはカカオ豆）がヨーロッパにもたらされる前の時代と後の時代です。イギリスでは、この飲むチョコレートがどのように楽しまれていたのか、ということにも注目したいと思います。

2・1——メソアメリカで

チョコレートの起源は3000年も前にさかのぼると言われています。カカオ豆の原産地であるメソアメリカとよばれる地域では、紀元前1500年頃から紀元前400年頃にオルメカ文明が、その後、紀元前200年〜紀元後200年頃にイサパ文明が栄えました。この2つの文明の担い手が、カカオ豆を「カカウ」と呼んだのが「カカオ」という言葉の語源だと言われています。この「カカウ」という言葉は、マヤ人にも引き継がれました。

はじめてカカオを栽培し、大規模に飲むチョコレートを製造し、また大量に消費したのは、マヤ人だと考えられています。4世紀から9世紀にかけて、ユカタン半島には、次々と都市国家があらわれました。それらの都市国家には、壮大な神殿や宮殿が建てられました。マヤ文明の遺跡から発見された壷の中には、カカオが入れられていた痕跡が残っているものもあります。マヤ人は、どんな風にカカオから飲み物を作り、味わっていたのでしょう。それはいったい、どんな味がしたのでしょう。

それを説明する前に、まず、カカオ豆について少し説明しておきます。カカオの木には、ラグビーボールのような形の実が、幹に直接くっつくような形でなります。大きさはラグビーボールより一回り小さいぐらいです。この実はカカオポッドと呼ばれます。カカオポッドの中にはカカオパルプという白い果肉があります。カカオパルプからは甘い汁が流れ出てきます。その果肉に包まれたカカオの種子がカカオ豆です。ひとつのカカオポッドの中からだいたい、30～40粒ぐらいのカカオ豆が取れます。

このカカオ豆を使って、マヤ人は、以下のような手順で、飲み物を作っていました。すなわち、まずは、カカオポッドからカカオ豆を取り出し、乾燥させ、それを煎って、すり潰します。これに水やとうもろこしの粉、唐辛子など数種類の香料を加えます。これは、ドロドロしたスパイシーな「甘くない」飲みものでした。マヤの人は、これを泡立てるために、高いところから注ぐ、などの工夫をしました。

1200年頃アステカ人はマヤ人を征服し、14世紀半ば頃にはテノチティトランを首都とする複雑な文明を持つ巨大国家を建てました。アステカ文明については、これを滅ぼしたスペイン人を通して伝えられているため、まだ分かっていないことも多いとされています。

アステカ人は、マヤ人から飲むチョコレートを引き継ぎました。彼らは、カカオはクゥエタザロコータという神によってもたらされたもの、という「神話」によって、カカオを神聖なものとしました。マヤの時代にもカカオ豆は貨幣として使われていましたが、アステカでは、モンテスマ2世（治世1502-20）のもとで、カカオ豆を正式な貨幣とした銀行の制度なども整えられました。

このモンテスマ2世については毎日50杯ものチョコレートを飲んだ、ということが伝えられています。アステカ人のチョコレート飲料の作り方は、マヤ人の手順とほとんど同じで、泡立てるために高いところから注いだ、という点についても、同じでした。しかし、マヤ人がこれを温かくして飲んだのに対し、アステカ人は冷たくして飲んだ、という違いがあります。（ソフィー・D・コウ、マイケル・D・コウ『チョコレートの歴史』河出文庫、2017年）

2・2――ヨーロッパへ

1502年、クリストファー＝コロンブスは、ホンジュラス沖のグアナハ島でマヤ人の大型交易船にカカオ豆が積まれていたことを目撃しました。コロンブスの息子フェルナンド＝コロンブスは、船の積み荷の中に「新スペイン（メキシコ）で通貨としても使われているたくさんのアーモンド」があった、と記しています。この「アーモンド」はカカオ豆のことだとされています。コロンブスは、この豆が「価値が高い」ことは認識したものの、この豆から作られた飲み物については知ることも、味わうこともなく、この出会いは、結局、ただすれ違っただけで終わってしまったようです。

16世紀初頭、スペインのコンキスタドール（征服者）たちは、中米、南米を探検し始めました。1519年、コルテスは、アステカの首都テノチティトランに着きました。モンテスマ2世は、コルテスに食事をふるまい、食後には美しい器に入ったチョコレートでもてなしました。しかし、コルテスは、アステカの地を侵略し始め、1521年には、アステカ王国を滅してしまいます。コルテスやその後やってきたスペイン人たちは、この地におけるカカオ豆の貨幣としての価値をよく理解し、住民にカカオ豆を貢納させました。さらに、コルテスはカカオ豆の栽培も始めました。

コルテスは1528年にスペインに帰還しました。その際、カカオ豆と、そして、そのカカオ豆から作る飲み物としてのチョコレートのレシピも持ち帰りました。国王カルロス1世は、コルテスから、この飲み物が「1杯飲むだけで何も食べずに1日中歩ける」ほどパワフルなエナジードリンクである、と聞き、大変に興味を持ったと言われています。

当初は、アステカ風の飲み方がされていましたが、次第に、砂糖を加えたり、水ではなくお湯を加えたり、またスパイスもシナモン、アニスなど、すでにスペインでなじみのあるものに代わっていきました。また、この飲み物を泡立てるためのモリニーリョという攪拌棒が使われるようになりました。

また、「チョコラトル」という言葉が、この頃から使われるようになりました。マヤやアステカでは、チョコレート飲料は「カカワトル」すなわち「カカオの水」と呼ばれていました。16世紀後半に、スペイン人たちは「チョコラトル」という言葉を使い始め、それが後に現在のスペイン語でも使われる「チョコラーテ」に変化しました。その英語での呼び方が「チョコレート」という訳です。

しばらくの間、チョコレートはスペインでしか知られていませんでした。しかし、16世紀後半には、徐々に近隣のヨーロッパ諸国にもチョコレートの存在が知られるようになっていきました。（サラ・モス。アレクサンダー・バデノック『お菓子の図書館　チョコレーとの歴史物語』原書房、2013年）

2・3——イギリスへ

イギリスにチョコレートが入ってきたのは、17世紀半ば頃のことです。1657年の『イギリスの新聞『パブリック・アドバイザー』には、ロンドンのビショップゲート・ストリートにある店で、「チョコレートという西インド諸島のドリンクを売っている」という広告が掲載されました。これは、イギリスで初めてのチョコレートの広告と言われています。1659年『メルキュリアス・ポリティカス』という新聞には、自ら「イングランドで初めてチョコレートを売った」人物だ、と名乗るフランンス人の店の広告が掲載されました。その店は、ビショップゲート・ストリートとクイーンズ・ヘッド・アレイの交差するところにあって、万病に効き、万病の予防となる優れた薬効をもった「チョコレートと呼ばれる西インドの素晴らしい飲み物」を手頃な価格で販売している、と謳っています。

当時のイギリスの都市、とりわけロンドンにはコーヒー・ハウスやチョコレート・ハウスと呼ばれるコーヒー、茶、チョコレートなど、新世界の珍しい飲み物を出す店がありました。そこは、新しい市民階級が集い、コーヒーや茶やチョコレートを片手に、さまざまな話題について互いに議論を交わし、ネットワークを広げ、情報交換、情報収集、情報発信の出来る多機能型の社交の場でもありました。英国陸軍の官僚であったピープス氏の日記には、しばしばコーヒー・ハウスでチョコレートを飲みながら、しかるべき地位についている友人たちと情報交換する様子が記述されています。宮廷を中心にチョコレートが広まっていったヨーロッパの他国に比べると、コーヒー・ハウスやチョコレート・ハウスという空間で、チョコレートを身近に楽しむことが出来た、というのは、市民革命をいちはやく経験したイギリスならではのことでした。

チョコレートは、ピープス氏が１６６４年のある日の日記に「コーヒーハウスに行った。チョコレートを飲んだ。美味」と書いたように美味しい飲み物でしたが、先に紹介した広告に見られるように薬効も強調されていました。その薬効のひとつとして、女性の不妊に効く、というものがありました。オクスフォードのサリー氏のチョコレート・ハウスの宣伝文句の中には、不妊に悩む女性は「チョコレートをほんの少し舐めれば、もう嘆くことはありません」というものもありました。しかし、実は、コーヒー・ハウスやチョコレート・ハウスには女性が出入りすることは出来ませんでした。17世紀のイギリスでは、チョコレートは男性が味わうものだったのです。

ただし、18世紀初頭になると、イギリスの料理本にチョコレートのレシピが紹介されるようになります。家庭でチョコレートを飲むことが普及してきた、ということですから、女性にもチョコレートを味わう機会が与えられるようになったということです。

重商主義時代のヨーロッパに「新世界」を含むさまざまな地域からの珍奇な産品が流入したことは、ジェンダー化された新しい消費文化を生み出しました。男性がコーヒー・ハウスで社交を楽しんだのに対し、女性は家庭で家族や友人たちと紅茶に親しみました。富裕な階層の家事は、この新しい消費文化のために煩雑化し、これらの家事を女性家事使用人が担いました。非ヨーロッパ世界との接触によって女性と男性の領域の分離が進展する一方で、階級を異にする女性たちの中に、無償で家事労働の管理をする者と有償でそれを実践する者の分離が起こったのです。

（ソニア・O・ローズ『ジェンダー史とは何か』法政大学出版会、２０１６年）

チョコレートについても同様に、その美味しさを味わえる女性と、それを用意する女性の間の分離があったと考えられます。

3——食べるチョコレート

3・1——産業革命の時代

「イギリスの産業革命」という言葉を聞くと、ほとんどの人は、綿工業や鉄鋼業での相次ぐ機械の発明やそれに伴う生産の大規模化を思い浮かべるでしょう。しかし、機械の発明やその生産工程への導入は、他のさまざまな産業でも行われていました。チョコレート産業もそのひとつです。

イギリスにおけるチョコレート産業の発展を牽引した代表的な企業としてよくあげられるのは、フライ社、キャドバリー社、ラウントリー社の3社です。ここでもこの3つの会社を取り上げて、イギリスのチョコレート産業の歴史をみていこうと思います。

この3社には共通した特徴があります。それは、その経営者がキリスト教プロテスタントのひとつの教派である「クエーカー派」の信徒（クエーカー）であったことです。クエーカーはイギリスの工業化に大きな影響を与えました。勤勉を旨とするクエーカーの中から数多くの者が産業革命期に実業家として成功しました。鉄鋼業で有名なダービー家や綿工業で成功をおさめたアシュワース家もクエーカー派の信徒でした。山本通氏は、クエーカーがキリスト教信者の中の非常に小さな一グループにしかすぎないことを考えるなら、彼らの際立った活躍には活目すべきもの

がある、と指摘しています。（山本通『近代英国実業家たちの世界―資本主義とクエーカー派』同文館、1994年）

イギリスのチョコレート産業は、クエーカーの実業家の活躍ぬきには語れません。というより、クエーカーの実業家の活躍がなかったら、そもそも「食べるチョコレート」を製造する産業、というのは、存在していなかったかもしれません。私たちが今日、チョコレートを「食べる」ことが出来るようになったのは、彼らのおかげ、とも言えるのです。

3・2――フライ社：食べるチョコレートの誕生

さて、ここからは、食べるチョコレートと飲むチョコレートの話が並行して出て来ますので、飲むチョコレートを「ココア」と表します。実際、時代が下ると、飲むチョコレートのことや、湯をそそぐ前の粉末を「ココア」と呼ぶことが増えてきていました。

フライ社の前身は、ブリストルでウォルター・チャーチマンが1728年に開いた食料品店でした。ブリストルは港町で、カカオ豆も荷揚げされていました。チャーチマンはカカオ豆を挽くのに水力タービンを利用する工夫をし、他の業者よりもなめらかなココアを製造することに成功しました。1729年にはジョージ2世から特許を得ました。

1761年、ブリストルで薬局を営んでいたフライ家は、チャーチマンのビジネスを買い取ります。そして、チャーチマンの得た特許やココアの製法も引き継ぎました。1795年から経営者となったジョゼフ・ストルス・フライは、ワットの蒸気機関を導入し、ココア製造の機械化、工業化を一気に進めました。この機械はジョージ3世からの特許を得ました。この発明によって、大型機械によるカカオの粉砕が可能になり、ココアの生産量は大幅に増加しました。これは、ヨーロッパのチョコレート産業にとって「革命的」な出来事でした。チョコレート産業の本格的な機械化と大量生産の幕開けが準備されたのです。

しかし、それ以上の「大革命」が起こりました。「食べるチョコレート」の登場です。これは、１８３５年に経営者となったジョゼフ・フライ2世によってもたらされました。このジョゼフ2世が経営を引き継いだ時点で、フライ社は、イギリス最大のココア製造業者となっていました。カカオ輸入量の40％はフライ社で加工されていました。

この「大革命」を論じる前に、食べるチョコレートの開発の前提条件として、オランダのヴァン・ホーテンによる搾油用プレス機の開発について述べておかねばなりません。カカオはココアバターという脂肪分を含んでおり、これをすりつぶしてココアに加工すると、どうしても脂っこい飲み物になってしまいます。１８２８年、ヴァン・ホーテンは、このカカオバターを抽出する油圧式のプレス機を開発し、脂肪分28％のココアケーキ（脂肪分を取りのぞいた固形）を作ることに成功しました。このココアケーキを非常に細かい粉状にしたものが、私たちが今日親しんでいる「ココア」です。ヴァン・ホーテン・ココアは、今日、なお愛され続けています。日本でも販売されていますので、読者の中にも目にしたことのある人、実際に飲んだことのある人が少なく

図1　フライ社の工場。**1880**年のポスター。
（Paul Chrystal, *Cadbury & Fry: Through Time*, Stroud, Gloucestershire, 2012, p. 5.）

ないのではないでしょうか。

　ジョゼフ2世は、このココアバターを利用して、固形チョコレートを作ることに成功し、1847年に世界で初めての食べるチョコレートを発売しました。「クリーム・スティック」と名付けられたこの製品は、大成功をおさめました。チョコレートの形状、意味、歴史はこの発明によって大きく変わったのです。

　この「クリーム・スティック」は、工場で大規模生産され、「大衆向けのお菓子」としてのチョコレートの出発点となりました。1866年には、これまた世界初の「柔らかいクリーム入り」のチョコレート「フライズ・チョコレート・クリーム」が発売されました。これは、1875年にリニューアルされ、なんと今日にいたるまで続くロングセラー商品となっています。図1からもフライ社の生産規模の大きさがうかがえます。

　フライ社はその後も次々とヒット商品を売り出しますが、第一次世界大戦前夜あたりから、資本金不足に苦しむようになります。1870年にはチョコレート・ココア市場の84%のシェアを占めていましたが、１９１０年には38％まで落ち込みます。その理由は、後述するキャドベリー社やラウントリー社など他社との競争のためです。結局、１９１８年には、フライ社はキャドベリー社に吸収合併されることになり、経営立て直しのためにキャドベリー家からエグバート・キャドベリーが送り込まれます。しかし、キャドベリー社は、フライ社の実績を重んじ、両社のアイデンティティがそれぞれ保たれる形での発展を目指しました。さきほど紹介した「フライズ・チョコレート・クリーム」が今日も残っていることは、そのためです。（Paul Chrystal, *Cadbury & Fry: Through Time*, Stroud, Gloucestershire, ２０１２）

食べるチョコレートは人々に愛され、ヨーロッパ各地でチョコレート製造ブームがおこりました。

３・３――キャドバリー社

キャドバリー社は、１８２４年、ジョン・キャドバリーの紅茶、コーヒーを販売する店として出発しました。ジョンの生家は豊かな毛織物商で、店舗内には喫茶コーナーがありました。ジョンはこの紅茶、コーヒー部門を任され、父親の店の隣に新しい店を構えました。主力商品のコーヒー、紅茶とならんで、温かいココアも提供したところ、これが人気となりました。ジョンは、徐々にチョコレート・ビジネスに力を注ぐようになり、この小さな店は、後にイギリスで最も有名なチョコレート会社と成長していくことになります。

1847年にジョンは弟ベンジャミンとともにキャドバリー・ブラザーズを設立し、ココア製造に本格的に取り組み始めます。ジョージはすでに1861年には、ジョンの息子、リチャードとジョージが事業を引き継ぎます。ジョージはすでに1857年から父親と叔父の会社で働いていましたが、それに先立ち、後述するラウントリー家の食料品店で3年間ココア製造の技術を学びます。ラウントリーとキャドバリーは、チョコレート業界の中でいわばライバル関係にもある訳ですけれど、クエーカー実業家たちは、このように互いに情報や技術を教え合い、助け合いながら自分の企業とチョコレート産業全体を発展させていったのです。

とはいえ、1861年の時点では、キャドバリー社はまだ小規模なココア製造業者にすぎませんでした。従業員は10名ほどで、フライ社からは大きく立ち後れていました。

1866年、ジョージはヴァン・ホーテン社の技術を学ぶためにオランダを訪れます。そして、新型のプレス機を購入しました。これが、キャドバリー社にとって重要な転機となりました。これにより、キャドバリー社は、イギリスの他社よりも純粋なココアが生産出来るようになりました。また、食べるチョコレートの大量生産も可能になりました。

おりしも、イギリスで権威のある医学雑誌『ブリティッシュ・メディカル・ジャーナル』『ランセット』の両誌で「ココアは滋養に富み、消化に良く、疲労回復に良い」という論文が発表されました。キャドバリー社は広告でこの薬効を強調し、ココアやチョコレートを「健康によい食品」として売り出していきました。

キャドバリー社は魅力的な商品の開発にも力を入れました。1868年には、美しい箱に入ったアソーテッド・チョコレートを発売しました。バレンタインデー用のチョコレートを初めて売り出したのもキャドバリー社です。

図2　ボーンヴィルに建てられたキャドバリー社の工場。**1879年。**
(Carl Chinn, *The Cadbury Story: A Short History*, Studley, Warwickshire, 2015, reprinted, first published in 1998, p. 21)

こうして順調に事業が拡大するにつれ、工場の規模を拡大する必要が生じました。1878年、キャドバリー社はバーミンガムの郊外に土地を購入して工場を移転しました。その後、同社は周囲の土地を買い足して、一帯をボーンヴィルと名付けました。広大な敷地に建てられた工場（図2）で生産されたキャドバリー社のチョコレートは、イギリスにおけるチョコレートの普及と大衆化を大きく促進しました。(Carl Chinn, *The Cadbury Story: A Short History*, Studley, Warwickshire, 2015, reprinted, first published in 1998)

キャドバリー社の商品で、最も広く知られているのは、「デイリー・ミルク」です。この「デイリー・ミルク」は1905年から今日まで、イギリスの人に幅広く愛されています。とても目立つ紫色の包装紙に包まれた「デイリー・ミルク」は、イギリスのキオスクやスーパーマーケットに行けば、必ず置いてあるはずです。日本でも、キャドバリー社のチョコレートは売られているので、紫色の包装紙に包まれた「デイリー・ミルク」を、読者のみなさんも見かけたことがあるのではないでしょうか。

3・4――ラウントリー社

イングランド北東部のヨークでも、キャドバリー社と同じような経緯で、有名なチョコレート会社が誕生し、成長しました。イングランド北東部には、産業革命期に繊維産業、とりわけ羊毛産業で発展したリーズ、ハダスフィールド、ブラッドフォードなどの都市があります。これらの都市に比べると、産業革命はヨークを無視して通り過ぎていってしまったかの印象を受けます。19世紀半ばの時点では、ヨークは上記の3つの工業都市と異なり、製造業のほとんどは小さな仕事場で営まれていました。

1822年、ジョゼフ・ラウントリーは、スカーバラの生家を離れ、ヨークで食料品店を始め、仕入れた商品の品質に応じた適正な価格設定で顧客から信頼を得ました。また、茶、コーヒーについては、自家でブレンドすることにより、品質の安定をはかり、これも顧客から歓迎されました。ジョゼフは、従業員に仕事への献身や商品や商売について勤勉に学ぶことを求めました。キャドバリー家のジョージが、このラウントリー家の食料品店で徒弟として3年を過ごしたことは前述しましたが、ジョージはこのジョゼフの教えに強い印象を受け、これを後に自らの経営にも活かそうとしました。

ジョゼフの三男、ヘンリ・アイザックは、1862年にやはりクエーカーであるテューク家の食料品店のココア部門を、ココア製造のための工場もあわせて買い取りました。これが、ラウントリー社の出発点です。

買い取りの時点では、ビジネスはまだ小規模で、売り上げもフライ社やキャドバリー社に遠く及びませんでした。1869年には、次兄のジョゼフ2世も加わりました。几帳面なジョゼフ2世は、複数の商品の生産ラインを効率良く配置し、管理しました。「チョコレート・クリーム」「チョコレート・ボール」などの食べるチョコレートも生産されるようになりました。が、経営が軌道にのるまでには、まだ少し時間がかかりました。

転機は、1879年に、フランスから招いた菓子職人クロード・ガジェが作った「クリスタライズド・グミ・パステル」の大ヒットによりもたらされます。このグミは、今日も販売されている「ラウントリーズ・フルーツグミ」「ラウントリーズ・パステル」の元となった商品です。このグミの成功により、ラウントリー社はタナス・モートにあった工場を拡張しました（図3）。新しい機械も購入し、技術の刷新もはかりました。新しく購入した機械の中にはヴァン・ホーテンの新型プレス機も含まれていました。

1883年にヘンリ・アイザックが亡くなり、その後、ジョゼフ2世の息子のジョン・ウィル

図3　拡張されたタナス・モートのラウントリー社の工場。
（Paul Chrystal and Joe Dickinson, *History of Chocolate in York*, Barnsley South Yorkshire, 2012, p. 64）

ヘルムとシーボームが、相次いで経営に加わりました。両者とも経営者として有能であるのみならず、前者は宗教書の執筆で、後者は社会改革や社会調査の活動でも有名です。

シーボームは、実験室を作り、商品開発の体制を整えました。1886年にオランダから招いた職人、コーネリアス・ホランダーが開発したエレクト・ココアが人気商品となったことにも助けられ、ラウントリー社は、業績を伸ばし、1890年には、ハックスビー・ロードに20エーカーの敷地を購入し、優れた設備の整った工場を建設しました。こうして、ラウントリー社は、1883年には200名だった従業員が、1890年には894人に、1899年には3000人に増大するほどに急成長しました。（Paul Chrystal and Joe Dickinson, *History of Chocolate in York*, Barnsley South Yorkshire, 2012）

キャドバリー社の「デイリー・ミルク」に匹敵するようなチョコレートはなかなか売り出せず

にいましたが、その後、1930年代に、みなさんも今日よくご存知の「キット・カット」が発売されました。ラウントリー社は、第二次世界大戦後にジョン・マッキントッシュと合併し、1989年にはネスレ社に買収されることになります。しかし、「キット・カット」はいまだに世界中の人々に愛され続けています。

3・5——産業革命とチョコレート

イギリスの産業革命は、次々起こる技術革新に牽引された生産の工業化により、生産量が飛躍的に伸びる、ということがさまざまな産業で連鎖的に起こり、イギリスの産業全体に広がった、と考えられてきました。しかし、近年、実際には、工業化は一部産業、そして一部地域に限られており、工業化の速度も一様ではなく、工業化が遅れた産業も多く存在し、しかも、手工業も幅広く残存したことが指摘されています。とはいえ、工業化が進展した産業が存在したことや交通革命が起こったことは、工業化が遅れた産業や手工業、そして農業など工業以外の産業にも影響を与えました。(パット・ハドソン『産業革命』未來社、1999年)

チョコレート産業は、18世紀の後半から19世紀初頭にかけ、水力や蒸気力を取り入れたり、機械を導入しつつも、生産には手工業的な色合いも多く残していました。しかし、交通網の発達で原材料や製品を広域にわたって迅速に輸送出来るようになったこととあいまって市場が拡大したおかげで、繊維産業や鉄鋼業よりは少し遅れたものの、工業化に成功しました。(武田尚子『チョ

コレートの世界史―近代ヨーロッパが磨き上げた褐色の宝石』中公新書、2010年）

イギリスのチョコレートは、フランスやベルギーのチョコレートの「高級」なイメージとは異なり、「大衆的」なイメージが強いです。それは、「フライズ・チョコレート・クリーム」「デイリー・ミルク」「キット・カット」といった「工場で大量生産されるチョコレート」の成功、ということでもあります。そもそも、フライ社がなければ、食べるチョコレートそのものが存在しかった訳ですけれど、その後の食べるチョコレートの普及、食べるチョコレートを人々に身近なものにする上で、イギリスのチョコレート産業の成功が果たした役割は大きかったのです。

3・6――労働者の幸福

経営者がクエーカーであった3社は、従業員に対する手厚い扱いでも有名です。フライ社では、従業員が使える文化施設、スポーツ施設を提供していました。たとえば、サイクリング・コースもそなえたグラウンドなどです。

キャドバリー社は、土曜日の半日休業など、休日の制度が整っていました。企業内年金の制度もありました。工場労働者のほとんどは14歳で働き始めましたが、キャドバリー社では、彼らが18歳になるまで幅広いカリキュラムで教育が与えられていました。授業は就業時間内に受けることが出来ました。スポーツの施設も充実していました。ボーンヴィル村の広大な敷地に、フットボールやホッケーのためのグラウンド、スイミング・プール（図4）などの施設がありました。

釣りの出来る池もありました。

　ラウントリー社の場合も、従業員のためのスポーツ施設が用意されていました。20世紀初頭には、企業内年金制度や寡婦年金制度が設立されましたし、女子従業員対象の企業内家政学校も設

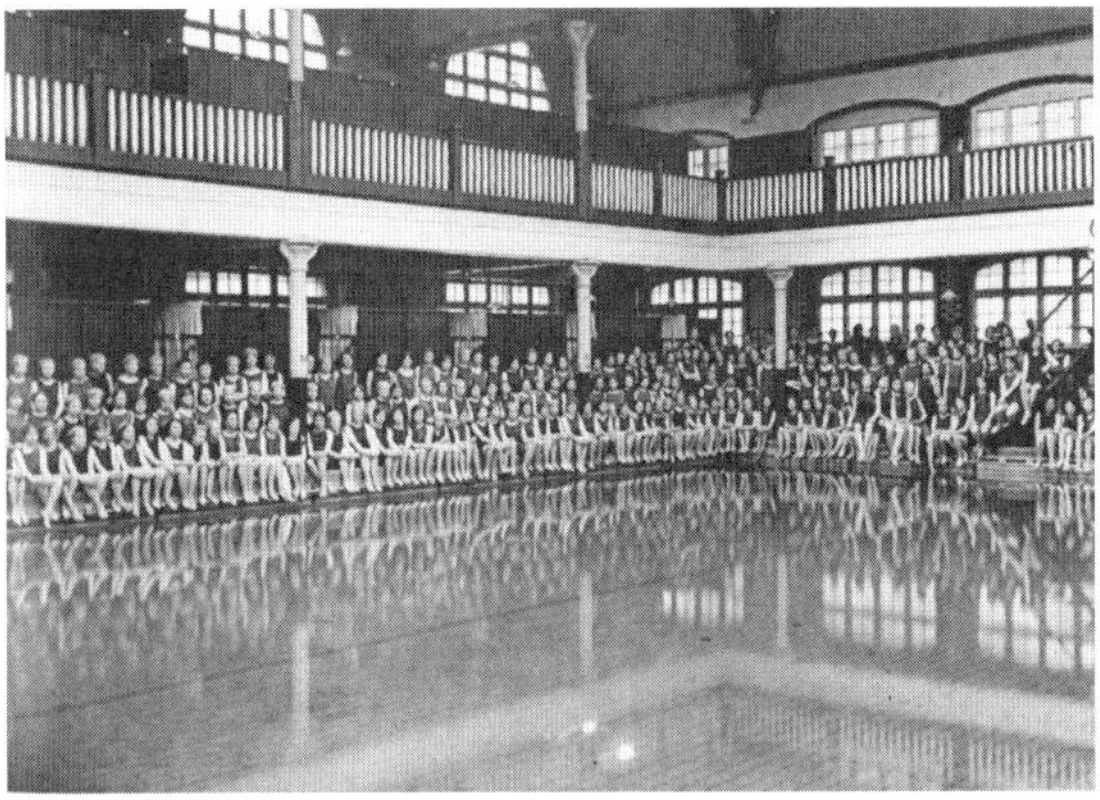

図**4**　キャドバリー社のスイミング・プール
(Paul Chrystal, *Chocolate: The British Chocolate Industry*, Oxford, Shire Publication, 2011, p. 33)

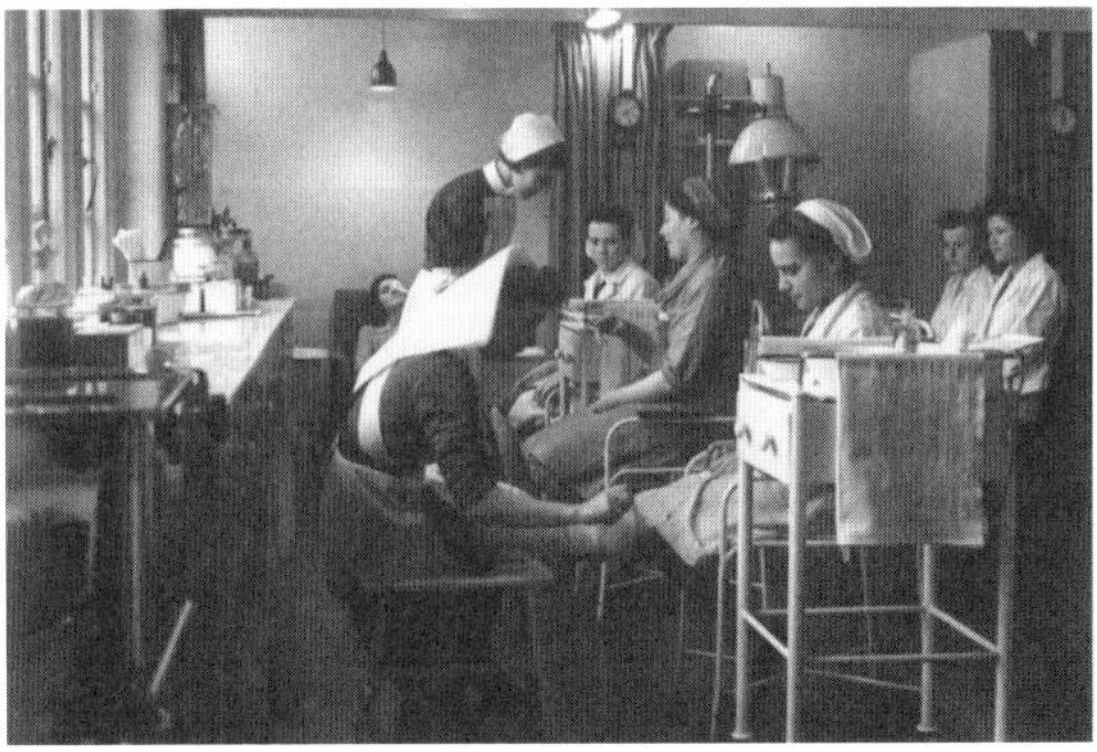

図**5**　ラウントリー社の女性用医務室。**20**世紀初頭。
(Paul Chrystal and Joe Dickinson, *History of Chocolate in York*, Barnsley South Yorkshire, 2012, p. 87)

立されました。体調を崩した従業員が治療を受けられる医務室（図5）なども用意されていました。(Paul Chrystal, *Chocolate: The British Chocolate Industry*, Oxford, Shire Publication, ２０１１)

4――魅力

4・1――食べるチョコレートの誕生と普及

この章でみてきたように、「飲むチョコレート」の長い歴史の中で、19世紀の半ばに「食べるチョコレート」が誕生しました。「食べるチョコレート」は誕生しただけでは、今日の私たちにとってここまで親しいものにはならなかったでしょう。

イギリス産業革命のうねりと緊密に連動しながら、チョコレート生産の工業化が実現し、多くの人々の手にチョコレートが届くようになりました。チョコレートは「栄養に富む」というイメージとともに、広くイギリスの人々に受け入れられ、愛されるようになりました。イギリスのチョコレートは、あくまでも大衆的なものでした。

もちろん、「飲むチョコレート」が消失した訳ではありません。18世紀、19世紀を経て、「飲むチョコレート」＝「ココア」は、それ以前のものと比べ、格段に高品質で口当たりの良いものとして、やはり大量生産されるようになり、こちらも、大衆の手に届くようになりました。

食べるチョコレートの誕生とその普及に、イギリスのチョコレート産業の果たした役割はとても大きかったのです。

4・2——スィートな歴史

オルメカ、マヤ、アステカ時代のチョコレートは高貴な人々の飲み物でした。大航海時代を経て、ヨーロッパにチョコレートが入り、そしてイギリスにそれがわたった後も、長い間、チョコレートは身分の高い人や、新興のお金がある階層の人の間で飲まれていました。

イギリスで19世紀から20世紀にかけて、ココアやチョコレートを楽しむことが、一般の人にまで広がっていきました。美味しいココアやチョコレートを多くの人が楽しめるようになったのは、とても素敵なことですね。

しかも、フライ社、キャドバリー社、ラウントリー社というイギリスのチョコレート産業を牽引した企業では、教育や娯楽の機会、施設の提供、休日の整備、年金制度の整備など、ココアやチョコレートを作る労働者に対して、とても手厚い福利厚生が与えられていました。英語ではsweetには「甘い」という意味の他に「親切な」「優しい」という意味があります。イギリスにおけるチョコレートの歴史は、スィートな歴史だったと言えるでしょう。

4・3――ビターな歴史―残された課題

チョコレートの歴史には、まだまだ分かっていないことが沢山あります。メソアメリカにおける古い時代のことは、遺物や史料の不足から、詳しいことが分かっていません。今後、新しい遺物や史料が発見される中で、チョコレートの歴史が書き換えられていくこともあるでしょう。

ヨーロッパにチョコレートが伝えられた後も、誰が、いつ、なぜチョコレートに砂糖を加えることを思いついたのか、など、はっきりとは分かっていないことが沢山あります。こちらも、今後の研究の中で明らかになっていくことがあるかもしれません。

さて、チョコレートの歴史で一番分かっていないことは、南アメリカ、中央アメリカ、アフリカ、東南アジアなどのカカオ生産地における、奴隷を含むカカオ労働者の歴史です。奴隷やカカオ労働者は、どのような労働条件で働き、そして、その労働をどのようにとらえていたのでしょうか。

エマ・ロバートソンは『チョコレート・女性・帝国―その社会的文化的歴史』という本を書いています。彼女はヨークに生まれ育った女性です。ヨークの人々にとっては、ラウントリー社をはじめとするヨークのチョコレート企業の成功の歴史は、アイデンティティの一部であり、誇りでもあります。しかし、勉強を進めるうちに、ロバートソンは、「原料となったカカオはどこから来たのだろう」「それは誰が作っていたのだろう」と思うようになります。ところが、そのことに関する文献や史料はほとんどありませんでした。そこで彼女は、ラウントリー社の仕入れ地のひとつであるナイジェリアに行き、かつてカカオ・プランテーションで働いていた女性たちから話を聞き、彼女たちの辛い経験を書きとめました。（Emma Robertson, *Chocolate, Women and Empire: A Social and Cultural History*, Manchester, Manchester University Press, 2009）

今後、オーラルヒストリーを含めた研究の積み重ねの中で、これまで詳細がほとんど分かっていなかった、チョコレートの歴史の「ビターな」（＝苦しみに満ちた）部分も明かされていくことでしょう。

チョコレートには、「まだ知られていない過去」が沢山詰まっています。そのこともチョコレートの大きな魅力と言えましょう。

読書案内

武田尚子『チョコレートの世界史：近代ヨーロッパが磨き上げた褐色の宝石』（中公新書、２０１０年）は、チョコレートの歴史を知るためにとても役立つ本です。この本では、グローバル商品としてのチョコレートの歴史が、貿易体制と生産・加工体制の２つの観点からダイナミックに解き明かされています。

第3章　アメリカにおける禁酒運動の担い手は誰だったのか
——歴史学からのアプローチ

中野由美子

1——謎

「ギャツビーという男、いったい何者なんだ？」と唐突にトムが尋ねた。「酒の密売の大物なのか？」
「どこでそんなこと聞いた？」と僕は聞き返した。
「聞いた訳じゃない。ただ想像したんだ。ほら、ああいう成金連中ときたら、おおかた酒の密売がらみだからな」
「ギャツビーは違う」と僕は素気なく言った。

（スコット・フィッツジェラルド『グレート・ギャツビー』
村上春樹訳、中央公論新社、2006年、198頁）

冒頭の一文は、1920年代前半のアメリカ合衆国（以下、アメリカと略記）・ニューヨーク州ロングアイランドを舞台とした小説『グレート・ギャッツビー』（原題 *The Great Gatsby*）からの引用です。1925年初版の同作品の時代設定は、少なくとも法律上は全国的に酒類の製造・販売が禁止されていた、いわゆる全国禁酒法の時代です。題名にもなっているギャッツビーという男の素性は、どうもはっきりしません。一方では、大邸宅に住み、パーティーを連日連夜主催しています。他方で、ドラッグ・ストア（軽飲食店も兼ねた薬局）を買い上げて、医療用と見せかけてアルコールを売る「インチキ商売」に手を染めていることをほのめかす件があります。この作品では、全編にわたり、全国禁酒法の時代の混沌とした雰囲気が醸し出されています。

全国禁酒法の時代は、小説のみならず映画のなかでも頻繁に描かれてきました。たとえば、ブライアン・デ・パルマ監督の「アンタッチャブル」（1987年）が挙げられます。同作品は、全国禁酒法時代のシカゴを舞台とした、暴力シーン満載のギャング映画です。酒の密売で巨利を得た暗黒街の帝王アル・カポネや、禁酒法違反を取り締まる連邦捜査官エリオット・ネスなど実在の人物が登場します。ただし、ネス率いる特別捜査チーム（別称「アンタッチャブル」）と犯罪組織のあいだの壮絶な銃撃戦など、史実とは異なるフィクションも多く含まれています。読者の皆さんのなかにも、こうした小説や映画を通じて、アメリカの全国禁酒法の時代について何らかのイメージを抱いている方がいるのではないでしょうか。

実際のところ、アメリカにおける全国禁酒法の時代は、1919年の憲法修正をもって始まり、１９３３年の憲法修正をもって終わりました。全国的に禁酒法が施行されていたのは、およそ13年間でした。二度にわたる憲法の修正（改正）の背後には、長年にわたる禁酒運動がありました。では、アメリカにおける禁酒運動は、どのような形で展開されたのでしょうか。その担い手は誰だったのでしょうか。また、憲法修正とそれに基づく全国禁酒法とはどのような法律であり、どのような経緯で撤廃されたのでしょうか。

次節では、アメリカにおける禁酒運動にまつわるこれらの疑問を、解きほぐしていきましょう。

2――節酒から禁酒へ

アメリカにおける禁酒運動の起源は、植民地時代にまでさかのぼります。当時、北東部の植民地を中心として、清教徒《ピューリタン》的価値観に基づく節酒―過度の飲酒の抑制―を唱える運動が展開されていました。このような節酒運動は、当初は市町村レベルでしたが、次第に州レベルの運動へと発展していきました。

１８２０年代になると、節酒にとどまらず禁酒―アルコール飲料の全面禁止―を目指す運動が活性化していきます。その先陣を切ったのが、アメリカ禁酒協会（American Temperance Society）でした。１８２６年、マサチューセッツ州ボストンにおいて結成されたこの団体は、数年のうちに、約20万人の会員を擁するようになりました。アメリカ禁酒協会の特徴として、アルコール度数の高い蒸留酒の全面禁止を掲げたことが挙げられます。さらに、会員に対して、蒸留酒の全面禁酒の誓約書への署名を求めるようにもなっていきます。アメリカ禁酒協会自体は、数年のうちにより大きな組織へと統合されました。けれども、従来の節酒ではなく、蒸留酒の禁酒へと一歩踏み込んだ点に、その先駆性をみることができます。

19世紀半ばになると、酒類の製造・販売を法的に規制することを目的とした禁酒運動が本格化していきます。その結果、1851年には、メイン州において州禁酒法が制定されました。この法律は、州内での酒類の製造販売を禁止した初の州禁酒法として注目に値します。さらに数年のうちに、12の州・準州で同様の法的措置が講じられました。その反面、こうした法的規制に対する問題提起も活発化していきます。一例として、酒類の捜索・没収を認めた州禁酒法の条項をめぐり、個人の財産権の侵害になるのかどうかが法廷で争われました。結局、南北戦争（1861年〜65年）の勃発に伴い、州レベルでの禁酒運動は下火になっていきます。

南北戦争後には、様々な社会改革の一環としての禁酒運動が再び盛り上がりをみせます。たとえば、1869年には、ミシガン州シカゴにおいて禁酒党（Prohibition Party）が結成され、大統領選挙戦に候補を立てるなどの活動を展開していきます。

この時期の禁酒運動において中心的な役割を果たしたのは、女性でした。その女性たちによる代表的な禁酒組織が、1874年にオハイオ州クリーヴランドにおいて結成された女性キリスト教禁酒同盟（Woman's Christian Temperance Union）です。第2代会長フランシス・E・ウィラードのもとで、この団体は全国的に支持者を増やしていき、最盛期には数十万人の会員を擁するまでになりました。こうして、国政への参政権をもたない女性たちにとって、禁酒運動への組織的な参加は、政治的な活動にかかわる重要な契機となっていきます。

ここで、女性キリスト教禁酒同盟のメンバーであり、なおかつ独自の活動も展開したある女性を取り上げましょう。キャリー・ネイションという女性です。1900年6月、ネイションはカンザス州のある酒場を襲撃し、バー・カウンターの酒瓶をたたき割り、鏡やスロットマシンなどの備品を破壊するという過激な行動に出ました。通常ならば、器物損壊罪に問われる行為です。

キャリー・ネイション（Carry Amelia Nation）**1846年－1911年**
（写真提供：アマナイメージズ）

ところが、当時のカンザス州では、州法として禁酒法が施行されており、酒場自体が違法でした。そのため、ネイションは厳しく処罰されることを免れたのです。次第に、ネイションは、聖書と手斧を手に酒場襲撃を繰り返す人物として、全米に知られるようになりました。

なぜ、ネイションは酒場襲撃という奇抜な行動に出たのでしょうか。自伝『キャリー・ネイションの生涯の効用と必要』のなかで、ネイションは、ある酒場を襲撃した時のことを次のように回想しています。

バーの内部で最初に私の目にとまったのは、鏡の反対側の壁に掛かっていた等身大の女性の裸体画だった。〔中略〕女性の裸体画が酒場にあることは、重大な意味をもっている。女性は酒場によってすべてを奪われている。女性は、酒場によって夫を奪われ、息子たちと家庭と食べ物と美徳とを奪われている。それにとどまらず、女性は、酒場によって衣服を剝ぎとられ、こうした盗みと人殺しの巣窟に裸のままで吊るされているのだ。酒場は間違いなく、女性から一切合切を奪っているのだ。(Carry A. Nation, *The Use and Need of the Life of Carry A. Nation* (F. M. Steves & Sons, 1905), 76.)

夫のアルコール中毒に苦悩したネイションは、幸福な家庭生活を奪った酒や酒場に激しい嫌悪感を抱くようになったと回想しています。ギャンブルや売春の温床ともなっていた酒場は、ネイションからみれば、社会の害悪でしかなかったのです。この事例からは、家庭の安泰を求めて禁酒を唱道する人々からみれば、酒場の存在自体が憎悪の対象だったことをうかがい知ることができます。

ここで確認しておきたいことは、当時のカンザス州では州内で禁酒法が施行されていたという点です。つまり、州法で酒の販売が禁止されているにもかかわらず、こうしたもぐり酒場が公然と営業しているという状況だったのです。こうしたなか、女性たちによる酒場襲撃という行為は、その過激さゆえに世論の批判にさらされました。しかし、それと同時に、一時期は一定の支持をも得たのでした。酒場襲撃を支持する人々は、その行為を「酒場訪問」（saloon visitation）と呼びました。この表現には、そもそも違法である酒場を打ち壊すという行為を正当化する含意があったといえるでしょう。

世紀転換期には、禁酒運動は新たな局面を迎えます。その嚆矢となったのは、１８９３年にオハイオ州オバーリンで設立された反酒場連盟（Anti-Saloon League）でした。反酒場連盟の特徴として、その活動目標を禁酒法の制定に限定していったという点が挙げられます。

折しも、アメリカ社会では、人口構成上の大きな変化がみられました。たとえば、１８８０年から１９２０年にかけて、２３００万人以上の移民を受け入れる一方で、総人口も約５０００万人から約１億人へと倍増しました。こうしたなか、都市部では、主に東欧・南欧出身の移民が工場労働者として重要な役割を果たすようになります。それに伴い、企業家のあいだでは、主に生産性の向上や事故の予防という観点から、移民労働者の節酒が大きな関心事となっていきます。なかでも、スタンダード・オイル社の創設者で石油王と呼ばれたジョン・Ｄ・ロックフェラーや、フォード自動車会社の創立者ヘンリー・フォードは、禁酒を唱道した企業家として知られて

「あなたの票を獲得するのは母親か酒場か」「禁酒派に投票を（Vote Dry）」と呼びかける反酒場連盟（ASL）のポスター（年代不詳）
（https://ehistory.osu.edu/sites/ehistory.osu.edu/files/mmh/clash/Prohibition/IndexImages/htmpages/mothersaloon.htm）

います。時宜を得た反酒場連盟は、前述の女性キリスト教禁酒同盟からの支持も得て全国組織となり、まずは地方レベルで酒類の製造・販売を法的に規制するための活動を強力に展開していきます。

さらに、禁酒運動への追い風となる出来事が起こります。第一次世界大戦です。まずは戦時中の時限立法として、食糧難を回避する目的で、穀物からの蒸留酒製造が禁止されました。加えて、戦時下での倹約を強いる風潮や、ビールなどの酒造業に多く従事するドイツ系移民への差別意識が蔓延するなかで、全国レベルでのより厳格な禁酒法を求める運動が高揚していきます。その結果、対ドイツ宣戦布告直後というやや混乱した状況のなかで、連邦議会において、禁酒を規定した憲法修正（改正）をする法案が賛成多数で可決されました。

ここで、合衆国の国立公文書館の「憲法」と題した公式ホームページにアクセスしてみてください。１７８８年に成立した合衆国憲法は、幾度かの修正（amendment）条項が加えられて今日に至っています。そのなかで、禁酒に関する修正条項は、修正第18条と、それを廃止した修正第21条です。まずは、修正第18条の一部を詳しくみてみましょう。

修正第18条

第1節　この修正が承認を得て成立してから1年後には、合衆国およびその権限に服するすべての領土において、飲用の目的で、酒類を製造、販売、運搬し、またはこれらの地に輸入もしくは輸出することは、禁止される。

(National Archives, "The Constitution of the United States," https://www.archives.gov/founding-docs/amendments-11-27.)

修正第18条は、1919年1月16日、4分の3以上の州の立法府による承認を得て成立しました。続いて同年10月には、修正第18条に基づき全国禁酒法が制定されました。ちなみに、この法律は、法案を提出したアンドリュー・ヴォルステッド下院議員の名をとってヴォルステッド（Volstead）法と呼ばれています。従来は州や地方公共団体レベルに限定されていた禁酒法が、ついに、全国レベルで制定されたのです。

再度、国立公文書館の公式ホームページを閲覧してみてください。修正第18条に続いて、1920年には修正第19条が成立していることがわかります。この修正条項により、女性の参政権が保障されました。すでにみたように、19世紀後半の禁酒運動を主導していたのは、女性たちでした。1919年に修正第18条が表立った反対なしに成立した背景には、近々参政権が付与される女性への配慮があったといわれています。女性への参政権付与を目前にして、長年、女性のあいだで支持されてきた禁酒を、こぞって唱道する政治家もあらわれたのです。

3——全国禁酒法の理想と現実

3・1——混沌たる社会情勢

当初、全国禁酒法は、少なくとも禁酒派からみれば、一定の成果を挙げました。一人当たりのアルコール消費量は、禁酒法施行前と比べておよそ半分に減少しました。その一因としては、違法となったアルコール飲料は、労働者にとっては高嶺の花となってしまったことが挙げられます。たとえば、北部の都市では、ラガービール1バレル（119リットル）あたりの価格は、品質にもよりますが、1918年の約10ドルから、1930年には約160ドルにまで跳ね上がったといいます。蒸留酒に関しては、1918年には1クォート（0・946リットル）あたり約1ドル39セントでしたが、1930年までには約4ドルへと高騰しました。（Mark Edward Lender and James Kirby Martin, *Drinking in America: A History* (Free Press, 1987), 145, 205.）

ところが、このような表向きの統計数字だけでは測れない、由々しき事態も発生していました。第一に、密造酒・密輸酒や違法酒場の増加が挙げられます。この時期に頻繁に使われるようになった「ブートレガー」（bootlegger）という言葉は、まさに世相を反映していました。それは、もとは長靴の胴（bootleg）に酒瓶を隠し持って運んだことから、酒類の密売人を意味するようになったのです。確かに、全国禁酒法の施行により、酒類の販売は違法になりました。けれども、「ブートレガー」の暗躍により、経済的に余裕のある一般市民は、容易に酒類を入手することができたのです。

ちなみに、本章の冒頭で紹介した小説『グレート・ギャツビー』では、全国禁酒法の時代であるにもかかわらず、事あるごとに、アルコール飲料が盛大に振舞われる光景が描かれています。実際のところ、富裕層のあいだでは、カクテルで客をもてなすパーティーが流行しました。加えて、酒類を不法に提供する店には、女性も出入りするようになりました。男性の聖域だった酒場に女性の姿を見かけるようになったことも、全国禁酒法の時代の新しい流行といえるでしょう。このような店は、入店時に静かに《イージー》そっと声を潜めて合言葉を交わしたことから、「スピークイージー」（speakeasy）と呼ばれるようになりました。次第に、その存在は公然の秘密となっていきました。

第二に、より深刻な問題として、酒の不法取引にまつわる官吏の汚職と犯罪組織の肥大化が挙げられます。とりわけ、１９２０年代のシカゴは、汚職・犯罪の温床となりました。アル・カポネほど、全国禁酒法の実態を如実に物語っている人物はいないでしょう。全国禁酒法施行直前に

アル・カポネ（Alphonse Capone）**1899年－1947年**
（写真提供：アマナイメージズ）

シカゴに移り住んだカポネは、「ブートレガー」として頭角を現し、20代にして暗黒街の大立者となりました。１９２０年代後半には、カポネ一族は酒類の不正取引により莫大な利益を得ていたといいます。こうした巨利をもたらす闇商売をめぐって、犯罪組織間の抗争も激化の一途をたどりました。１９２９年2月14日、7名のギャングが殺害された事件はその典型といえるでしょう。のちに聖ヴァレンタインの虐殺と呼ばれるようになったこの事件では、カポネの手下が容疑者として捕らえられたものの証拠不十分で釈放されています。こうした犯罪組織間の殺人事件は、十年間で５００件にものぼったといわれています。けれども、犯罪組織による巧妙な証拠隠滅や警察権力の腐敗ゆえに、犯人が殺人罪で逮捕されることは稀だったのです。

全国禁酒法は、多くの禁酒運動家にとって積年の悲願でした。その一方で、酒に対する一般市民の需要は、禁酒法施行後も減ることはなかったのです。それどころか、皮肉なことに、全国禁酒法は犯罪組織の勢力拡大を招いたのでした。こうした状況のなかで、たとえ禁酒法支持派であっても、酒の密造・密輸・密売業者が跋扈する現状を肯定することはできなくなったのです。

第三に、憲法修正第18条やその執行法である全国禁酒法（ヴォルステッド法）自体にも、いくつかの問題点がありました。一つには、酒類の定義をめぐる問題が挙げられます。全国禁酒法においては、酒類とは0・5パーセント以上のアルコールを含む飲料を指しました。そのため、表向きには合法レベルまで希釈すると偽り、希釈前のアルコール飲料が流通する闇ルートがあったといいます。また、医療用アルコール飲料の販売は引き続き認められていました。医療用と称したアルコールの販売を、それを偽りと断定して取り締まることは、実務的に極めて困難でした。二つ目には、修正第18条と全国禁酒法は、酒類の飲用という行為自体については言及していないという点が挙げられます。仮に、ある個人が、全国禁酒法施行前に大量に酒類を購入しておいたとしましょう。それを自宅で飲用した場合は、同法施行後であっても必ずしも違法とはいえなかったのです。こうした法律の抜け穴をついて、引きも切らず酒が取引され、飲酒行為が繰り返されたのです。

禁酒法の施行直前に、酒類の買い溜めを促すニューヨーク市の酒販店の広告（1919年）
（写真提供：アマナイメージズ）

3・2——全国禁酒法の撤廃

1929年の株価暴落が引き金となった大恐慌は、結果的に、全国禁酒法の撤廃に拍車を掛けることになりました。企業の倒産や労働者の失業が深刻化するなかで、全国禁酒法の熱心な支持者のあいだでも、修正第18条の撤廃へと立場を変える動きがみられるようになりました。

その代表的な人物として、ジョン・D・ロックフェラー父子が挙げられます。彼らは、アルコール飲料を一切口にしないだけではなく、反酒場連盟に多額の寄付をしていたことでも知られていました。ところが、1930年代初頭になると、ロックフェラーは、修正第18条の撤廃へと立場を大きく変えることになります。なぜでしょうか。1932年、『ニューヨークタイムズ』紙上において、禁酒法反対派でコロンビア大学学長のニコラス・バトラー氏に宛てて、ロックフェラー・ジュニアがしたためた書簡が公開されました。そのなかでロックフェラー・ジュニアは、修正第18条を支持していた自らの立場を変えるに至った理由を、以下のように述べています。

〔修正第18条の成立後―引用者注〕飲酒行為自体は、むしろ増加している。もぐり酒場《スピークイージー》が酒場《サルーン》にとって代わられたが、〔中略〕その数は3倍とはいわないまでも2倍ほどに増えている。犯罪者が呼び集められ、彼らに途方もなく多額の資金が流れている。個人の権利が侵害されたと憤慨した善良な市民の多くは、公然かつ平然と、憲法修正第18条を無視するようになった。その当然の結果として、法を遵守する価値観はむしろ蔑まれるようになった。さらに、前例のないほど犯罪が多発している。これが現状であることを、徐々に、そして気が進まないながらも、私は認めざるを得なくなった。（"Text of Rockefeller's Letter to Dr. Butler,"

New York Times, 7 June 1932)

このように、禁酒法賛成派のあいだでさえ、全国禁酒法は、実態として法と秩序の混乱を招いているとの危機感が広がっていきました。とりわけ、憲法を含むあらゆる法規を軽んじる風潮の蔓延こそが、由々しき事態として認識されるようになったのです。

１９３３年には、連邦議会において憲法修正第21条が発議されました。その一部を詳しくみてみましょう。

修正第21条
第1節　合衆国憲法修正第18条は、この修正によって廃止される。
第2節　合衆国の州、準州、あるいは合衆国の管轄下にある領土において、酒類を引き渡しあるいは使用するために輸送ないし輸入することは、それが当該地の法に反する場合には、この修正条項によっても禁止される。
(National Archives, "The Constitution of the United States," https://www.archives.gov/founding-docs/amendments-11-27.)

修正第21条の第一義的な目的は、修正第18条を廃止することでした。ただし、修正第21条は、同第2節に明記されているように、州や地方公共団体が禁酒法を制定・施行することを妨げるものではありません。一例として、禁酒運動が盛んだったカンザス州では、1948年まで州禁酒法は存続したのです。

1933年12月5日、修正第21条は必要な数の州の承認を得て成立しました。同日、フランクリン・ローズベルト大統領は、修正第18条の撤廃を宣言しました。この宣言文において、ローズベルト大統領は次のように述べています。

すべての合衆国市民に対し、〔中略〕法と秩序の回復のために、州政府ないし連邦政府による認可を受けた業者からのみ、アルコール飲料を購入することを要請します。これを遵守することによって、〔中略〕連邦政府による基準を満たしたアルコール飲料の消費が広がり、それとともに、悪名高い無免許での酒類の不法取引を弱体化させ、最終的には撲滅させることができます。さらに、他の税金に代わる酒税を納めることによって、国家財政を支えることになります。

(President, Proclamation, "The Repeal of Prohibition,"
https://www.docsteach.org/documents/document/repeal-prohibition.)

注目すべきは、酒税についての言及があるという点です。全国禁酒法が撤廃されれば、政府はアルコール飲料に対して税金を課すことができます。とりわけ、1929年の株式市場の暴落が引き起こした経済不況の只中にあって、禁酒法廃止による酒税収入の増加は、政府にとって歓迎すべきことでした。

事実、税金という観点からみれば、かつて禁酒法支持者だった企業家が「転向」した理由の一端をうかがい知ることができます。禁酒法の施行により、政府が酒税や酒類販売許可料などを徴収できなくなった結果、9億ドル以上もの税収がみこめなくなったとの試算がなされました。その減収を補完したのは、主に法人税や個人所得税であったことから、企業家の不満が高まっていたのです（岡本勝『アメリカ禁酒運動の軌跡―植民地時代から全国禁酒法まで―』ミネルヴァ書房、1994年、268―9頁）。税金は、禁酒運動の動向を左右する重要な論点でもあったのです。

4――魅力と魔力

フランスの著名な政治思想家トクヴィルは、1831年から32年にかけて、刑務所制度の研究のためにアメリカに滞在しました。その間に、禁酒運動についても見聞きしたようです。1835年に公刊された著書『アメリカのデモクラシー』のなかで、トクヴィルは次のように述べています。

アメリカでは、十数万の人々が蒸留酒を飲用しないと誓約していると初めて聞いたとき、それは真面目な話ではなく、冗談としか思えなかった。そして私は、それほどまでに節度ある市民たちが、なぜ自分たちの家庭内で水を飲むことだけで満足しないのか、当初はよく分からなかった。しかし、これらのアメリカ人たちが、自分たちの周囲で大酒のみが急速に増えていくのに恐れをなして、協同して節酒を援護しようとしているのだということを、私はついに理解したのである。

（Alexis de Tocqueville, *Democracy in America and Two Essays on America* (Penguin Books, 2003), 599. 以下の翻訳書も一部参考にした。トクヴィル『アメリカのデモクラシー　第二巻（上）』松本礼二訳、岩波文庫、２００８年、１９４頁。）

トクヴィルの滞米期間は、前述したように、アメリカ禁酒協会が蒸留酒の全面禁酒を誓約として掲げていた時期と重なっています。そしてトクヴィルは、禁酒組織のような道徳的諸団体の存在こそが、フランスにはないアメリカ独自のものとして注目に値すると述べています。

確かに、アメリカの禁酒運動は、立場を同じくする人々が結集し、様々な組織を立ち上げていくことを繰り返して進展しました。読者の皆さんにとっても、次々と団体名が出てきて少し分かりにくかったかもしれませんが、こうした結社の存在こそがアメリカ社会の特徴といえるのです。そして世紀転換期には、禁酒を法制化して社会全体に広めていこうとする運動が盛り上がりをみせました。その過程で、一部の女性たちが重要な役割を果たしてきたことはすでにみた通りです。その結果、アメリカ社会は、二度の憲法修正に基づく全国禁酒法の制定と撤廃とを経験しました。以上のように、アメリカにおける禁酒運動は、１９２０年代の全国禁酒法の時代に限定される特異な現象ではなかったのです。このことは、植民地時代からの禁酒運動の歴史という大きな流れのなかに、全国禁酒法の時代を位置づける必要があることを示唆しています。

アメリカの禁酒運動は、道徳意識に支えられた社会改革運動という点では、いわば「アメリカ的な伝統」に根差した運動という一面がありました。ただし、その道徳意識は、飲酒は諸悪の根源といった過度な一般化に依拠するようになるなど、一部で寛容さを失っていきます。全国禁酒法が結局のところ遵守されなかった理由の一つは、過剰な道徳意識に基づく社会全体への禁酒の強制は、個人の自由を抑圧するという別の弊害を伴う恐れがあったからといえるでしょう。

アルコール飲料は、アメリカに限らず、世界各地で長らく親しまれてきました。たとえば、ワインは、紀元前４０００年代にはメソポタミア（現在のイラクの一部）一帯で醸造されていたといいます。その長い歴史のなかで、適量ならば、お酒は百薬の長といわれてきました。

その反面、過度な飲酒は百害あって一利なし、と警鐘を鳴らす人々もあらわれました。それを身をもって経験した人々のなかには、身を挺して禁酒を主張して協同することもありました。本章では、このような事例を含めて、アメリカにおける禁酒運動の歴史を検討してきました。

お酒には、人を引き付ける魅力とともに、人に悪影響を及ぼしかねない魔力もあるようです。

アメリカの禁酒運動の歴史は、酒の両義性を浮き彫りにしているといえるでしょう。

読書案内

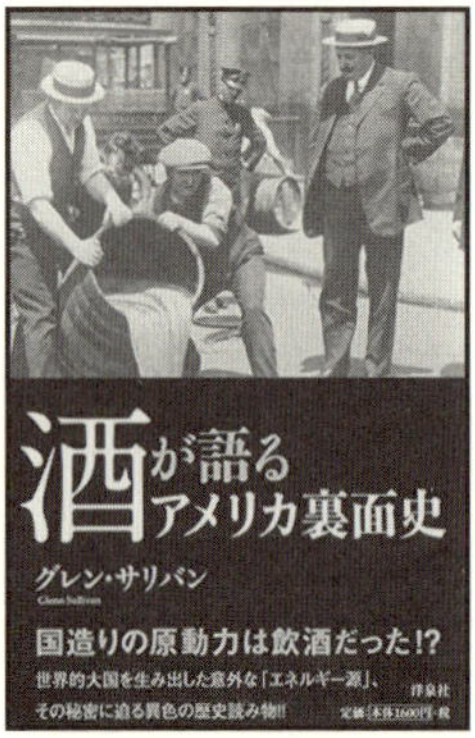

グレン・サリバン『酒が語るアメリカ裏面史』洋泉社、2015年。日本通のアメリカ人の著者による、お酒という観点からアメリカの歴史を語るというユニークな一冊です。著者によれば、世界史的にみても、アメリカはお酒と切っても切れない関係にあった国でした。禁酒法の時代以外にも、アメリカ史においてお酒の果たした役割の大きさをうかがい知ることができます。

また、残念ながら2017年10月の時点では絶版となっていますが、もう一冊ご紹介したいと思います。岡本勝『禁酒法―「酒のない社会」の実験』（講談社現代新書、1996年）は、アメリカの禁酒運動の歴史に精通した著者による概説書として、一読の価値があります。

第4章　たばこを吸うのは権利か

――アメリカにおける喫煙と権利の問題、社会学・歴史学からのアプローチ

権田建二

1――謎

日本では飲食店での全面禁煙の義務化を求める声が強いにも関わらず、それがなかなか実現していません。2017年の春、厚生労働省が受動喫煙防止対策として、面積30平方メートル以下の小規模なバーやスナックなどを除いた飲食店での喫煙を原則的に禁止し、それに違反した店に罰則を設けるという健康増進法の改正を提案したところ、自民党の反対にあって実現しなかったことは記憶に新しいところです（阿部亮介「受動喫煙　自民、厚労省案認めず　対策後退必至」毎日新聞2017年4月14日）。厚生労働省の案の代わりに自民党のたばこ議員連盟が提案したのは、分煙を徹底させるというものでした（竹野内崇宏、黒田壮吉「『禁煙義務化せず分煙で』自民党たばこ議連が対案」朝日新聞デジタル2017年3月8日）。

この対案の根拠となる基本理念をたばこ議員連盟の会長である野田毅は、自身のホームページで次のように説明しています。

・〝喫煙を愉しむこと〟と〝受動喫煙を受けたくないこと〟は、ともに国民の権利として尊重されなければならない

・このため、たばこを喫煙する者は受動喫煙を受けたくない者の権利を侵害してはならず、一方、合法的な嗜好品であるたばこを喫煙する者を社会的悪者として排除してはならない

・したがって、「欲せざる受動喫煙を防止する」を基本理念として、たばこを喫煙する者と受動喫煙を受けたくない者双方の立場を尊重し、世界に誇る分煙先進国の実現を推進していくことが重要である

(「自由民主党 たばこ議員連盟臨時総会への出席」『野田たけしオフィシャルサイト』2017年3月8日)

つまり、喫煙者と非喫煙者の両方の人権に配慮すべきというわけです。これは一見すると、たばこを吸う人と吸わない人の双方を思いやった、とてもバランスのとれた主張のように思えます。

しかし、喫煙は侵害してはならない人権なのでしょうか? もしそうだとすると、世界で最も

人権意識が高い国の一つと考えられているアメリカ合衆国の多くの州で、飲食店の全面禁煙がなされているという事実をどう受け止めればよいのでしょうか？　アメリカ非喫煙者権利財団によると、２０１７年10月２日現在、アメリカでは30州で飲食店での全面禁煙が法律で義務付けられており、酒場を除いた飲食店のみを規制の対象としている州はこの他に五州あります。そういった法律を持っていない州を含めて、全米では、１、１１４の地方自治体が飲食店での全面的禁煙を義務付けています（"Smokefree Lists, Maps and Data." *American Nonsmokers' Rights Foundation*）。アメリカ全土でそうなっているわけではありませんが、飲食店の全面禁煙化はアメリカでは確実な流れとなっています。では、このように喫煙を制限するアメリカの州や自治体は、人権を蹂躙し、喫煙者を少数者として迫害しているのでしょうか？

アメリカ合衆国における喫煙文化を考える上で、自由の問題は無視することはできません。たばこが体に悪いと広く認識されるようになってからも、これほどまで長くたばこが嗜まれてきたのは、喫煙が個人の自由として捉えられてきたからです。しかし、それと同時に、20世紀後半以降アメリカ社会で喫煙が急速に嫌悪されるようになったのも、喫煙が個人の自由と対立するものと捉えられるようになったからに他なりません。ただし、これは、たばこを吸う人の自由とたばこを吸いたくない人の自由、といった対等な二つの利益の対立があって、後者がより重視されるようになったということだけを意味するのではありません。より重要なことは、たばこを吸う権利という概念自体がまやかしであることが明らかになったということです。長年秘密にされていた、たばこ会社の実態が１９９０年代に明らかになっていくにつれ、喫煙は、そう思われていたほど自発的な行為ではないことが明白になったのです。たばこ会社は巧妙に、喫煙者を騙し、喫煙を喫煙者自らの意志に基づいた自由な行為だと思い込ませていたのです。この意味で、たばこ会社は、個人の自由という概念を自分たちに都合良く利用してきたのでした。この章では、個人の自由という観点から、合衆国における喫煙から嫌煙への流れを追ってみたいと思います。

先ほどの疑問に戻ります。なぜ、人権意識が高いはずのアメリカ合衆国で、たばこを吸う権利は州の法律や自治体の条例等によって制限されているのでしょうか。答えは簡単です。喫煙は基本的な権利とは考えられていないからです。たばこ規制法律協会のサマンサ・K・グラフによると、喫煙は合衆国憲法によって特に保護されている個人のプライバシーの権利でもなければ、喫煙者は憲法にとって保護されている少数者でもなく、したがって喫煙は憲法によって保障される権利ではないということです（Samantha K. Graff and Tobacco Control Legal Consortium. *There Is No Constitutional Right to Smoke*: 2008. 2nd ed.）。個人のプライバシーに関する基本的な人権とは、避妊具の所持や異人種間の結婚といった婚姻関係や家族関係に関する個人の選択の自由に限定されます。また、憲法によって差別から保護されるべき特別な少数者とは、人種、民族、ジェンダーといった生まれつきの、変更しがたい属性によって決定づけられた集団として解釈されます。喫煙はしたがって、プライバシーの権利ではないし、喫煙者は差別を受ける少数者ではありません。

一般的に政府や自治体が作った法案や条例等が個人の自由を制限する場合、それらがプライバシーを侵害していたり、憲法によって保護されるべき特定の集団を対象としていたりするのであれば、その法案や条例は憲法違反と判断されます。しかし、これらの条件に引っかからない場合、つまり規制がプライバシーを侵害しているのではなく、憲法によって保護される特定の少数者の集団を対象としているわけではない場合、その法案や条例等が合憲であるかどうかは、それらが目的とする規制が合理的であるかどうかによって判断されます。つまり、政府や自治体が個人の行為を制限するためには、そうするだけの納得のいく理由があれば良いということです。喫煙を規制する法案もこのような基準によって判断されます。市民の健康を守るのは政府や自治体の重要な役目の一つですから、副流煙による健康被害を防ぐという目的は十分に規制の合理的な根拠になると考えられるわけです。

具体的な例として、２０１２年に合衆国控訴裁判所が下した判決を見てみましょう。２０１０年にミズーリ州のクレイトンという市が、屋外の公共の公園や遊び場での喫煙を禁止する条令を作ります。アーサー・ギャラガーというたばこ愛好家がこれを憲法違反として連邦の裁判所に訴えました。裁判所は、市民の健康を守るという市の目的は十分に合理的であるので、市の規制案は問題がないと判断します。これに対して、ギャラガーは市が根拠としている副流煙の被害に関する知識は、屋内での副流煙の被害に関するものであって、屋外でのそれに関しては当てはまらず、したがって市は間違った科学的根拠に基づいているのだと反論します。しかし、裁判所は、規制の根拠である健康被害が医学的に正しいかどうかが問題なのではなく、規制することに正しいと信じるのに十分な根拠があるかどうかが重要なのだと結論づけます。裁判所のことばによると、「副流煙が実際に被害をもたらすかどうかに関して裁判所は判断する必要はない。市がそれを信じることが合理的であれば、条例は合理的であるため、問題とはならない」（*Gallagher v. City of Clayton*, 699 F. 3d 1013, 1020［2012］）ということです。

ここで、裁判所が副流煙の被害が科学的に正しいかどうかは問題ではないと述べているのは注目に値します。というのも、たばこ副流煙の被害から市民を守るということが喫煙規制の合理的な根拠になると考えられるということは、副流煙の健康被害が一般的に広く認められていることを意味するからです。裁判官は医者ではないので、当然たばこの健康被害の程度について判断を下す立場にはいません。裁判官が判断しなければならないのは、副流煙は健康被害をもたらすのだと立法者が信じていることが、どれほど理にかなっているかということです。裁判所がこれに理があると判断したということは、副流煙による健康被害が一般的に事実として社会に受け止められているという現実があることを物語っています。

しかし、このような現実認識は比較的新しいものです。長らく喫煙の健康被害は軽視されてきたからです。そのような時代においては、健康被害が声高に叫ばれる現代において喫煙が権利として認められないのとは反対に、喫煙は個人の権利として喧伝されていました。

2――個人の自由としての喫煙

そもそも、たばことがんの関係が議論されるようになったのは、1920年代にさかのぼります（Allan M. Brandt, "The Cigarette, Risk, and American Culture." *Daedalus* vol. 119, no. 4, 1990, p. 159)。しかし、20年代から40年代にかけて、たばこの健康被害は今日と比べるとそれほど深刻に受け止められていたわけではありません。このことは、この時代のたばこの広告で、医者がたばこを勧めているのを見れば一目瞭然でしょう。例えば、1930年のラッキー・ストライクの広告では、20,679人の医者がラッキー・ストライクは、他のブランドと比べて、喉にとってより不快感が少ないことを認めていると宣伝しています（図1）。医者が広告に出るということは、もちろん健康被害に対する不安を和らげる目的があったことを意味するわけですが、当時の健康被害とは喉、口、鼻の不調や違和感といったもので、後に明らかになるがんや肺気腫といった深刻な病気ではありませんでした。

状況が大きく変わるのは50年代になってからです。この時期から、一般読者向けの雑誌で、たばこと肺がんの因果関係を探る当時の最新の医学研究の成果が紹介されるようになったのです。これにより、一般大衆の間でたばこの健康被害への関心が急速に高まるようになります。このような状況に危機感を持ったアメリカの主要なたばこ会社の役員たちは、1953年12月、会社と

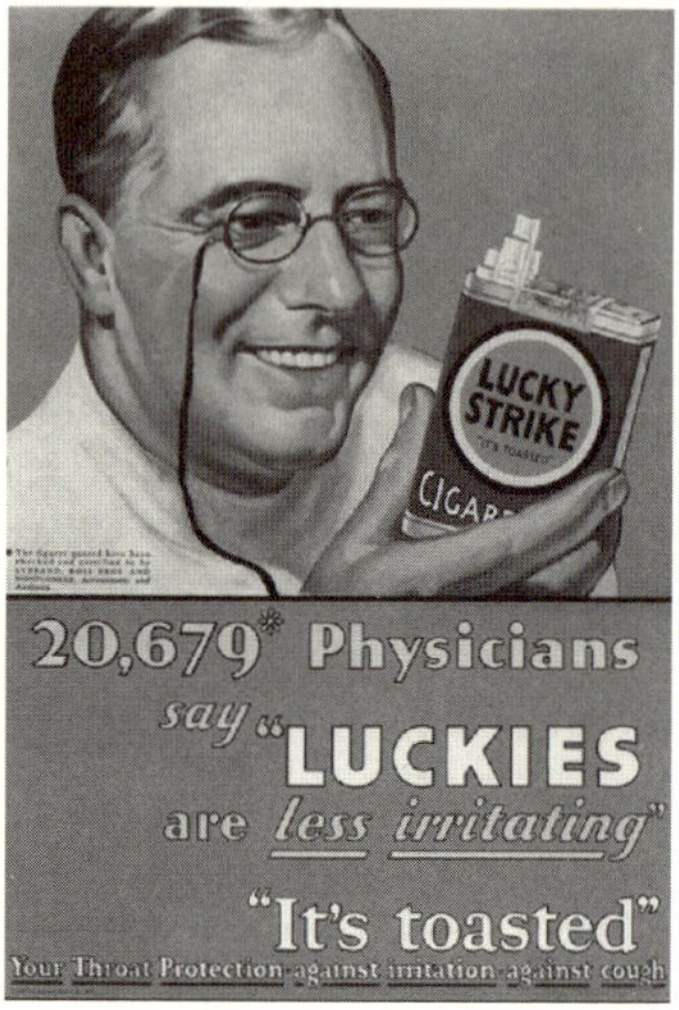

図1　ラッキー・ストライクの広告
（"20,679 Physicians." *Stanford University Research into the Impact of Tobacco Advertising.* http://tobacco.stanford.edu/tobacco_main/images.php?token2=fm_st002.php&token1=fm_img0101.php&theme_file=fm_mt001.php&theme_name=Doctors%20Smoking&subtheme_name=20,679%20Physicians.）

いう枠を超えて集まり、たばこ産業としてこのような事態に対してどのように対処すべきか協議します。その結果、彼らがとった対応は、直ちにたばこの害悪を認め、医学界と連携してたばこによる健康被害を食い止める努力をすることではなく、その逆に、たばこが健康被害をもたらすとははっきりと証明されていない、とたばこの害悪を否定することでした。

　1954年1月に、全米の主要なたばこ会社は、「たばこ喫煙者に向けた率直な声明」という意見広告を全米の400以上の新聞に掲載します。そこで、たばこ会社は、たばこの健康被害は科学的に証明されたわけではないという見解を強調しつつ、喫煙者の間で健康に対する関心が高まっていることを鑑みて、たばこの健康被害に関する医学界の研究に協力し、さらには自分たちが業界をあげて、たばこの健康被害を調査すると宣言します。しかし、その後、たばこ産業自らが行った研究によって健康被害が確実視されるようになっても、たばこ会社はその研究成果を広く一般に公開することなく、むしろそれを隠蔽し、たばこの健康被害は証明されていないという従来の主張を続けていくことになります。さらには潤沢な資金を元に、積極的に広報活動、ロビー活動を展開して、科学者や公共衛生に携わる役人たちが、大衆にたばこの危険性を訴えることを阻止するようになります。

このようなたばこ産業の戦略が実って、たばこの販売は打撃を受けるどころか、その数を伸ばしていきます。しかし、１９６４年になって、合衆国公衆衛生局が、『喫煙と健康』という報告書を発表すると、たばこ産業は再び危機に直面します。この報告書で、合衆国政府は初めて公式の見解として、喫煙が肺がんの原因であること、そして、喫煙者は非喫煙者よりも死亡する確率が70％高くなることなどを明言したのです（United States Department of Health, Education, and Welfare. *Smoking and Health: Report of the Advisory Committee to the Surgeon General of the Public Health Service*. Public Health Service Publication, 1964, p. 31）。この報告を受けて、たばこ会社は、たばこの危険性は未だに証明できていないという従来の姿勢を維持しつつ、それと同時に別の戦略をとり始めます。喫煙は個人の自由であることを強調しだしたのです（Allan M. Brandt. *The Cigarette Century: The Rise, Fall and Deadly Persistence of the Product That Defined America*. Basic Books, 2009, p. 237）。

例えば、１９７７年の「喫煙――自由な選択」という声明文で、たばこ協会の副会長が業界を代表して、「彼らが受け取った自由な選択というアメリカ人の遺産の一部として、たばこの消費者になることを選択した大人たちは守られなければならない」と喫煙者の権利を擁護するのは、そのような主張の典型的なものです（William F. Dwyer, "Smoking: Free Choice" June 1978, *Truth Tobacco Industry Documents*, University of California San Francisco, https://www.industrydocumentslibrary.ucsf.edu/tobacco/docs/rtxp0146）。

しかし、喫煙は個人の選択であるという主張が実際に守っているのは、喫煙者ではなくたばこ会社自身でした。というのも、そのような主張は、健康被害の責任をたばこ会社から喫煙者個人に転嫁するものだったからです。この点において、１９６５年に、「連邦紙巻きたばこ表示広告法」が成立して、たばこの外箱に、「警告：喫煙はあなたの健康を損なう恐れがあります」（"Making Decisions Regarding Tobacco Use." R. J. Reynolds, http://www.R.J.rt.com/tobacco-use-health/public-health-information/.）という警告文が明記されることが義務付けられたのは、一見すると、たばこ産業の利益に直接反しているように見えて、その実たばこ会社にとって実に好都合でした。なぜならば、この警告文がたばこの外箱に表記されていることによって、たばこ会社はきちんと健康被害の危険性を喫煙者に警告しているとみなされ、したがって、製造物責任――商品の欠陥によって消費者が被った被害に対して、その商品の生産者や販売者が負う賠償責任――に問われることが法的に難しくなったからです。

たばこは喫煙者の自由であるということは、喫煙による健康被害は個人の責任であるということとを意味するのですが、このような考え方は、歴史家のアラン・M・ブラントが述べるように、個人主義を重んじるアメリカ人にとっては非常に馴染みやすいものでした。アメリカ人は伝統的に個人の生活に政府が介入することを嫌います。個人の健康に関してであっても、政府が個人に指図することは、「非アメリカ的」として嫌悪する風潮があります（Allan M. Brandt, *The Cigarette Century: The Rise, Fall and Deadly Persistence of the Product That Defined America.* Basic Books, 2009, p. 281）。アメリカに日本の国民健康保険のような、国民の健康を守るための包括的な保険制度がないのもこのことの反映です。また、近年よく話題になる銃規制に対するアメリカ市民の反発も、政府が個人の行いに干渉することに対する強い嫌悪感と警戒心の現れです（岡本勝『アメリカにおけるタバコ戦争の軌跡：文化と健康をめぐる論争』ミネルヴァ書房、２０１６年、２７９―80頁）。

実際、「ごく少数派の意見がなぜ、大勢の権利よりも重要視されるのか」と題された１９９５年のたばこ産業の意見広告は、たばこの規制を、管理的で強大な政府による個人生活への強制的な介入であると、人々の警戒心を煽り立てています。

大抵のアメリカ人は、強大な政府などというものに邪魔されたくないと思っているし、自分たちの私生活に必要ないと感じているでしょう。しかし、少数の過激主義者たちは、このことを理解していません。そういった、誰から頼まれたわけでもないのに「生活スタイルの監視員」を自認する人々は、みんなのために何が良いのかわかっているつもりで、われわれの生活の様々な局面を厚かましくも支配しようとします。彼らが成功すれば、われわれは、選択の自由という基本的な権利を失くしてしまうでしょう。

今日では、「生活スタイルの監視員」は喫煙者を標的に狙いを定めています。では、次は誰が狙われるのでしょうか？ もし5、000万の喫煙者が、自分たちの権利を手放さなければならないとすれば、誰の権利であれ安全という保障はありません。（National Smokers' Alliance. "How Can the Opinion of So Few Outweigh the Rights of So Many?" 1995, *Truth Tobacco Industry Documents*, University of California San Francisco, https://www.industrydocumentslibrary.ucsf.edu/tobacco/docs/yqby0090）

喫煙は個人の自由な選択であり、したがって喫煙による健康被害は個人の責任であって、自分たちのせいではない、というたばこ会社の主張は、このようなアメリカ人の気質に非常によくマッチしたのです。

たばこ会社は、喫煙の健康被害を認めない一方、万が一喫煙によって健康を損なった人がいたとしても、それはその人が好き好んで喫煙した結果であるので、自分達たばこ会社には責任がないと主張するのに成功しました。こうして喫煙は個人の自由な意志に基づいた行為という考えは、たばこ会社の繁栄を根底で支えることになったのです。しかし、やがてその反動に向き合うことになります。１９９０年代になって、たばこ会社が自分達の商品をどのようなものとして捉えており、それをどのようにして販売していたのかが明るみになるにつれ、喫煙は個人の自由であるという主張が成立しにくくなったのです。たばこ会社の行状が明らかにするのは、いかに喫煙者が自分の自由意志とは無関係にたばこを吸わされていたのかということだったからです。

3――個人の自由の侵害

１９９０年代になって、たばこ産業の実態が暴露され、長年嘘をついてきたことが明らかになります。きっかけは、メレル・ウィリアムズという法律事務所に努める中年男性が、事務所の顧客である全米第三位のたばこ会社ブラウン＆ウィリアムソンの社内極秘文書を漏洩させたことです。これを皮切りに、１９９０年代になってたばこ会社に対して起こされた訴訟でも様々な内部文書が公開されるようになります。健康被害を受けた個人が賠償を求めて訴訟を起こすことは以前からあったわけですが、90年代には、州が喫煙者の健康被害によって不当に医療費を負担させられたとして、その賠償を求めてたばこ会社を訴え始めます。こういった裁判や前述した極秘文書を通して、次々にたばこ会社の活動の実態が明らかにされます。

かつてミシシッピ州の司法長官として、たばこ会社を訴えたマイク・ムーアは、ウィリアムズの文書によって、たばこ業界が長年突き通してきた三つの大ウソがバレたと述べています (Bruce Schreiner, “Merrell Williams Jr., Kentucky Paralegal Who Became Tobacco Whistleblower, Dies at

72." *The Washington Post*, 27 Nov. 2013.)。すなわち、（1）たばこは肺がんの原因ではない、（2）ニコチンは依存性がない、（3）自分たちたばこ会社は子供を販売の対処として考えていない、というものです。

これらの嘘がバレたことで、たばこ会社は長年アメリカの大衆を騙してきたとして強い批判にさらされるようになります。人々の怒りは、最終的には、1999年に、『合衆国対フィリップ・モリス』という訴訟で、たばこ会社が自分たちの利益のためにアメリカの大衆を騙し続けていたとして、合衆国司法省がたばこ会社9社とその関連2団体を告訴するという事態によって頂点を迎えます。この訴訟を裁いた判事のたばこ会社に対する激しい非難の言葉は、アメリカの大衆の怒りを代弁するものでしょう。「端的に言うと、被告のたばこ会社は、自分たちのために危険極まりない商品を、一生懸命に、嘘を重ねながら、お金を儲けるというただそれだけのために販売していたのである。そのような行為が人々にもたらす悲劇や社会に与える損失を顧みずに」（*United States v. Philip Morris*, 449 F.Supp.2d 1, 4 [D.D.C. 2006]）。

騙されて被害にあえば、誰でも怒るのは当然ですが、そのような怒りは一方では、個人の自由という概念をたばこ会社が踏みにじったことに対するものでもあるでしょう。前述した三つのウソは全て、たばこを吸うのは個人の勝手だという考えそのものを根底から覆すものだからです。もちろん、ブラントが指摘するように、自由な意思に基づいた喫煙という概念に決定的な打撃を与えたのは、副流煙の被害です（Allan M. Brandt, *The Cigarette Century: The Rise, Fall and Deadly*

Persistence of the Product That Defined America. Basic Books, 2009, pp. 281-82)。副流煙によって健康被害にあう人は、自らの意志でたばこを吸っているわけではなく、人が吸ったたばこの煙を自分の意志とは関係なしに吸わされているわけですから、たばこの健康被害は吸う人の責任であるという主張は成立しません。

しかし、たばこ業界が組織的についてきた嘘は、喫煙者の自由な判断を妨げるものだったという意味で、個人の自由を侵害する行為だと捉えることができるでしょう。喫煙が肺がんの原因であることを知っていて、たばこ会社がそれを否定してきたということは、健康被害に関する正確な情報を伝えないことで、個人が責任ある判断を下すことを妨げてきたということです。また、ニコチンに依存性があるということは、個人が喫煙するのは、薬物に依存しているからであって、自発的な意志によってではないことを意味します。そして、子供を販売の対象としてきたことは、そもそも健康被害に関する理性的な判断を下すには若すぎる人々を対象にしているという点で、喫煙が個人の自由な選択ではありえないことを明らかにしています。

これらの嘘の内、たばこと肺ガンの因果関係についてたばこ会社が知っていたことは、すでに述べたとおりです。次に、たばこ会社がニコチンの依存性を十分に知っていながら、意図的にそれを隠蔽していたことと未成年者に対してマーケティングしていたことを順に見て行きます。

そもそもたばこに依存性があることは、20世紀のはじめから言われていましたが、たばこ産業はたばこに含まれるニコチンに依存性があることを認めてきませんでした。しかし、１９８８年に公衆衛生局は、『喫煙と健康に関する報告書』で、1960年代から囁かれていたたばこの依存性について、はっきりとした見解を示します。たばこにはヘロインやコカインといったドラッグのように、依存性があり、ニコチンがその原因であると明言したのです（United States Department of Health and Human Services. *The Health Consequences of Smoking—Nicotine Addiction: A Report of the Surgeon General*, 1988, p. 9）。

政府によるこのような発表があったにもかかわらずたばこ産業は、ニコチンの依存性を否定し続けます。1988年にたばこ協会が発表した「たばこに依存性があるという主張は常識に反する」と題された声明文は、ニコチン依存に関するたばこ産業の見解の典型的なものです。

喫煙は、正に個人の選択の問題であり、やめようと思えばやめられるものなのです。たばこ喫煙が身体的な依存症を生じさせるという主張は、喫煙をその他の行為からどうにかして区別しようとする根拠のない主張に過ぎません。実際、禁煙をしたときに人が感じるのは、自分がしたいと思うことを放棄しなければならない時に人が感じるフラストレーションでしかありません。喫煙者が「依存者」であるという主張は、常識に反しますし、日々人が禁煙しているという事実と相容れません。（Brennan Moran, "Claims That Cigarettes Are Addictive Contradict Common Sense." 16 May 1988, *Truth Tobacco Industry Documents*, University of California San Francisco）

しかし、たばこ会社の内部文書が明らかにするのは、医学界でニコチンに依存性があることが広く確認され始めた１９６０年代には、ニコチンの依存性をたばこ会社は知っていたという事実です。１９６３年に、当時アメリカ第三位のたばこ会社であったブラウン＆ウィリアムソンの弁護士は、たばこ会社の商売を包み隠さず次のように要約しています。「ニコチンには依存性がある。ということは、われわれが行っているのは、ニコチンという、ストレスを軽減するのに有効な依存性のある薬物を売るという商売なのだ」(Addison Yeaman. "Implications of Battelle Hippo I & II and the Griffith Filter." 17 July 1963, *Truth Tobacco Industry Documents*, University of California San Francisco)。

１９９０年代になってもアメリカの主要なたばこ会社の役員たちが、ニコチンの依存性を公に認めようとしなかったのは、一つには、それが事実となれば、喫煙が自由な選択であるというたばこ会社がこれまで依拠してきた主張の正当性が失われてしまうからです。

さらには、たばこ会社はニコチンの依存性を否定しながら、その裏で依存者を増やす努力を続けていました。ニコチンの含有量が多いたばこの葉を開発するなど、たばこ会社が依存者を増やすためにニコチンの量を意図的に操作していたことが、１９９０年代の連邦食品医薬品局の調査によって明らかになったのです (David A. Kessler, et al. "The Food and Drug Administration's Regulation of Tobacco Products." *The New England Journal of Medicine* vol. 335, no. 13, 26 Sept. 1996, p. 989)。

たばこ会社のこのような努力は当然です。依存者が喫煙に依存しているため喫煙し続けるとしても、新たな依存者を開拓しないことには、顧客が少なくなり、市場が枯渇していくことになるからです。新規に顧客を開拓する必要があることは、たばこ以外のどの商品に関しても言えることでしょうが、たばこに関しては特に当てはまります。というのも、たばこ会社が売っているのは、自らの顧客の死を早め、したがって顧客の数を減らすことを宿命づけられた商品だからです。たばこを多く吸う人はたばこ会社にとって上客です。しかし、たばこを多く吸えば吸うほど、死ぬ確率が高くなるとすれば、良い客であればあるほど、たばこ会社が、その客を失う確率が高くなることを意味します。したがって、たばこ会社は常に、今いる客の代わりを見つけなければなりません。こうしてたばこ会社は若者に目をつけることになります。

4——宣伝された魅力

たばこ会社が新規顧客として若者を対象にするのは、喫煙者が喫煙を開始するのは、若い頃だということが調査によって明らかになっているからです。例えば、１９８４年のR・J・レイノルズ社の調査によると、喫煙者のたった５％が24歳より後に喫煙し始めるということです（Diane S. Burrows, *Young Adult Smokers: Strategies and Opportunities.* 29 Feb. 1984, *Truth Tobacco Industry Documents*, University of California San Francisco, https://www.industrydocumentslibrary.ucsf.edu/tobacco/docs/#id=pnxb0086）。さらに、22歳以上で喫煙し始めた場合、90％がたばこを吸うのを止めるようになる（Philip J. Hilts, *Smokescreen: The Truth behind the Tobacco Industry Cover-Up*. Addison-Wesley, 1996, p.65）という事実から、大人より若者の方がニコチンに依存しやすいらしいことも分かっています。たばこ会社が、14歳から24歳の若年層を「明日のたばこ商売」の鍵を握る存在として、特に力を入れる販売対象としてきたのは当然でしょう（J. F. Hind, "R. J. R Memo from C.A. Tucker." 23 Jan. 1975, *Truth Tobacco Industry Documents*, University of California San Francisco, https://www.industrydocumentslibrary.ucsf.edu/tobacco/docs/pqfk0079）。

たばこ会社が若年層を対象にして行った広告の成功例として最も有名なものの一つは、Ｒ・Ｊ・レイノルズ社のキャメルの宣伝です。１９８０年代、フィリップ・モリス社にシェアを奪われていたＲ・Ｊ・レイノルズ社は、若年層に見向きもされなくなった自社ブランドのキャメルを生き返らせるため、ジョー・キャメルという漫画のキャラクターを使った広告を１９８８年から展開します（図２）。１９８８年から三年の間で、キャメルのシェアは、３％か13％になったというほどこの広告は大当たりしたのですが、この広告は、たばこ会社が子供達にたばこを宣伝しているとして、物議を醸したことで大変有名になりました（Philip J. Hilts, *Smokescreen: The Truth behind the Tobacco Industry Cover-Up*. Addison-Wesley, 1996, p. 70）。

１９９１年に、研究者たちは、たばこの広告の子供達への影響を探るため、子供達が会社やブランドのロゴをどれほど認識しているかを調査しました。彼らは、三歳から六歳までの子供２２９人を集め、様々な会社のロゴが書かれているカードとその商品が描かれているカードをマ

図 2　キャメルの広告

（"joecamel_9a." *Stanford University Research into the Impact of Tobacco Advertising.* http://tobacco.stanford.edu/tobacco_web/images/tobacco_ads/cartoon/joecamel/large/joecamel_9a.jpg）

ッチングできるかをテストしてみたのです。研究者たちは、そのような会社・ブランドのロゴの一つとしてジョー・キャメルを、ミッキー・マウスのシルエットの形をしたディズニー・チャンネルのロゴをはじめとした様々なロゴの中に紛れ込ませました。実験の結果、三歳児では、30％、六歳児の91・3％がジョー・キャメルとたばこのキャメルを正しくマッチングできたのです。このことから、研究者たちは、「子供は、六歳になる頃には、ジョー・キャメルをミッキー・マウスと同じくらい認識するようになっている」と結論づけました（Paul M. Fischer et al., "Brand Logo Recognition by Children Aged 3 to 6 Years: Mickey Mouse and Old Joe Camel." *Journal of American Medical Association* vol. 266, no. 22, 1991, p. 3148）。

果たしてこれらの広告がどれほど効果的であったのか、実際にどれほどの売り上げの促進に貢献したのかを正確に把握するのは大変難しい問題です。しかし、ここで注目したいのは、子供の喫煙者をどれほど増やしたのかという、たばこ広告の効果の問題ではありません。そうではなく、たばこの広告が子供に向けられていることに対して、アメリカの人々が激しい怒りを感じたという事実です。実際、この実験結果を読んだ弁護士のジャネット・マンジーニは、たばこ会社が子供を食い物にしていると激しい怒りを感じ、ジョー・キャメルの広告を辞めさせようとＲ・Ｊ・レイノルズ社を相手に訴訟を起こしたのです（Nina Siegal, "The Last Days of Joe Camel." *Law Office of Roderick P. Bushnell*, http://www.bcflaw.com/camel.html）。

子供をマーケティング対象にしているたばこ会社に対する憤りの根底には、子供はか弱い存在であり、大人によって保護されなければならないという考えがあります。そして、その考えは、子供とは理性的で自発的な判断を下せない存在であるという前提に依拠しています。

実際、マンジーニの訴えの正当性を認めたカリフォルニアの控訴裁判所は、たばこ会社が未成年者を宣伝の対象にすることが不当である理由を次のように述べています。

> 未成年者を宣伝の対象とするのは、残酷で非道徳的である。というのも、そのような広告は、健康を損なう危険があることを十分承知した上で喫煙を始めるという決断を下すのに必要な成熟さに未成年者が達する前に、彼らを不健康で、生命を危険に晒す可能性のある依存症へと誘い込んで、搾取しているからだ。（*Mangini v. R. J. Reynolds Tobacco*, 22 Cal. App. 4th 628, 641［1993］）

子供が定義上、自由意志を働かせるのに必要な理性的な判断を下すには未熟な存在であるならば、たばこ会社が子供を販売の対象としているという事実は、喫煙は大人の選択であり、個人の自由である、というたばこ会社が繰り返してきた主張そのものが嘘であることを裏付けます。それればかりか、人が理性的な判断を下すことができない子供の頃にたばこを売りつけ、やがて大人になって思慮を働かせるようになった頃にはすでにニコチンに依存するように仕向けているのであれば、たばこ会社は、そのような喫煙者の選択の自由を奪ったことになります。喫煙を個人の自由と称しつつ、たばこ会社が子供たちを自らの商品の販売対象に考えていたという事実は、個人の自由という考えを都合良く利用し、最終的にはそれを踏みにじる行為だと言えるでしょう。

以上に見てきたとおり、アメリカにおける喫煙問題の核心にあるのは、個人の権利の問題です。それは単に副流煙が非喫煙者の権利を侵害するといった、喫煙者対非喫煙者の相反する利害の対立があるというだけではなく、たばこ会社の嘘によって、喫煙者自身の権利も侵害されていたという事実を意味します。アメリカ社会の喫煙に対する嫌悪感は、たばこ会社が個人の自由を踏みにじって健康被害を拡大させたことに対する激しい怒りでもあるのです。

読書案内

フィリップ・J・ヒルツ『タバコ・ウォーズ：米タバコ帝国の栄光と崩壊』（早川書房、1998年）は、約40年に渡ってアメリカのたばこ産業が自分たちの商品が健康被害を引き起こすことを知りつつ、いかにしてそれを隠して販売してきたかというたばこ産業の実態を詳しく記述しています。この本の筆者は新聞記者として、1990年代にたばこ産業の真実を明らかにするのに一役買った人です。20年ほど前に書かれたものですが、当時のアメリカ社会のたばこに対する風潮を知る上でも貴重な資料です。

第5章 イスラーム教徒の好きな嗜好品はなにか
――インドネシア人の分析、社会学からのアプローチ

小林　盾・岡本正明

1――謎

1・1――イスラーム教のタブー

皆さんは、なにか特定の嗜好品をタブーとして禁止されたら、我慢できるでしょうか。ある嗜好品がなくても、豊かで幸せな生活を送ることはできると思いますか。

アメリカのピュー研究センターによれば、2010年の時点で世界にイスラーム教徒がおよそ16億人いました。宗教別ではキリスト教徒の約22億が最多で、それについで2番目となっています。3番目はヒンズー教徒で約11億人、4番目は仏教徒で約5億人でした（図1）。

そのうち、日本にいるイスラーム教徒は約20万人です。単純に都道府県の数47で割ると、1つの都道府県あたり約2千人しかいません。そのため、日本人にとってイスラーム教徒が身近とは

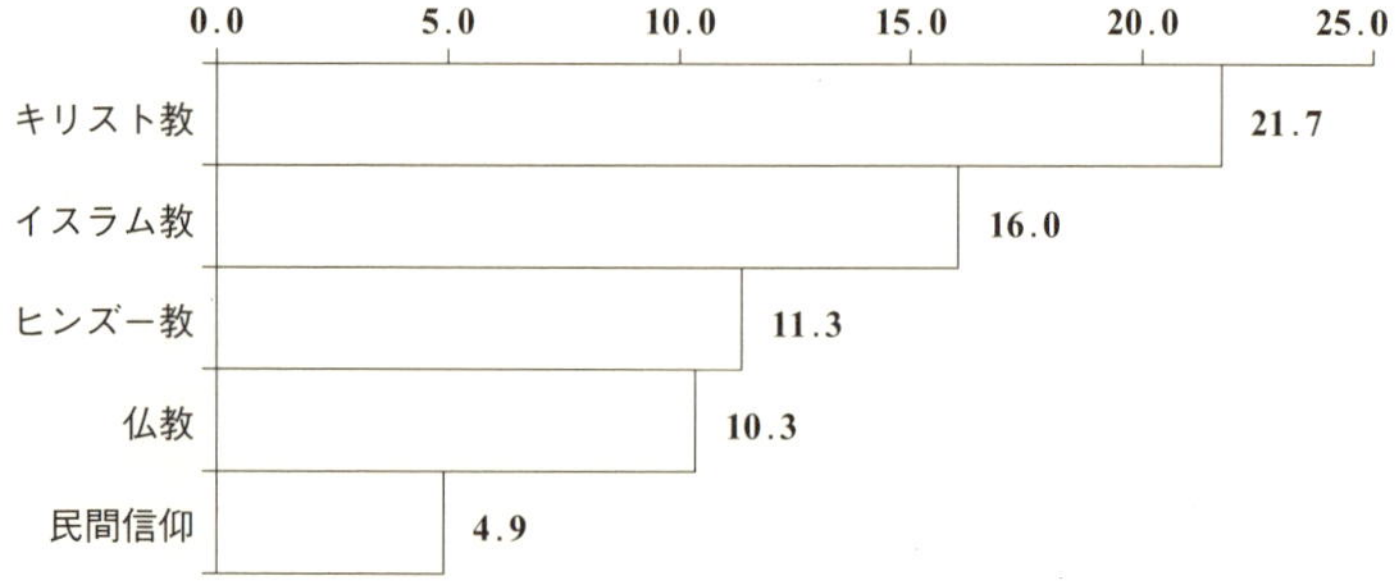

図1　世界の宗教別人口トップ5（2010年、億人）
（注）出典：ピュー研究センター。

いえず、どのような生活を送っているのかをイメージしづらいかもしれません。

イスラーム教には、「～をしなくてはならない」とか「～をしてはいけない」といった決まりが、明確にあります。たとえば、信仰告白、礼拝、喜捨、断食、メッカ巡礼はイスラーム教徒にとって行なうべき義務となっています。

同時に、イスラーム教では「飲酒」や「豚肉を食べること」が、タブーとして禁止されています。このうち嗜好品であるお酒は、信仰の妨げになると考えられています。

たしかに、イスラーム地域であっても、トルコのように世俗化が進んでいるならば、飲酒に比較的寛容なこともあります。しかし、聖地メッカのあるサウジアラビアのように、イスラーム教が強い影響を持つ地域では、飲酒がきびしく禁止されています。

お酒は、多くの地域で人びとにリラックス効果、ストレス解消、コミュニケーションの場の提供などに役だってきました。皆さんの周りでも、冠婚葬祭やお正月で人が集まると、かならずお酒が振るまわれるのではないでしょうか。社会人なら、「飲みニケーション」などと称して、職場の人や友人たちとお酒を飲む機会も多いことでしょう。厚生労働省によれば、日本の飲酒率（1年間にすこしでもお酒を飲んだ人の割合）は、2013年で男性83・6％、女性63・1％でした（『WHO世界戦略を踏まえたアルコールの有害使用対策に関する総合的研究』）。

1・2――イスラーム教徒にとって嗜好品とは

そうすると、イスラーム教徒には禁酒が課されているため、私たち日本人より生活に潤いがなく、寂しいライフスタイルを送っているのでしょうか。リラックスしたかったり、友人と盛りあがりたかったりしても、お酒がないため、諦めるのでしょうか。

それとも、お酒以外の嗜好品を活用して、私たちと同じように豊かな生活を送っているのでしょうか。そうだとしたら、それはどのような嗜好品であり、どのような魅力を感じているのでしょうか。

どちらの可能性もありそうですね。そこで、この章ではつぎの「謎」を立てて、アタックしていくことにしましょう。

謎　イスラーム教徒は、飲酒が禁止されているなかで、嗜好品とどのように関わり、どのような魅力を感じているのか。そこに多様性はあるのか。

もしこの謎が未解明のままだと、ややもすれば「イスラーム教徒は嗜好品をなにも持たない人たちで、私たち日本人とは根本的に異なるんだ」と誤解してしまうかもしれません。しかし、異なる文化を持っていても、理解しあえる部分はかならずあるはずです。

そこで、この謎にインドネシア人を事例として、分析していきます。インドネシアは世界最大のイスラーム教国家です。インドネシア人のうちおよそ9割がイスラーム教徒で、約2億2千万人います。

インドネシアは、極端に厳格なイスラーム教国ではありません。それでも、レストランやカフェではお酒を置いていなかったり、スーパーやコンビニではお酒を販売していないことがしばしばあります。

1・3――禁酒下での嗜好品を予想する

人は、嗜好品なしに生きていけるのでしょうか。宗教者やダイエット中など、特別な場合には可能かもしれません。また、戦争中など、しかたなくそうなってしまうこともあるかもしれません。

しかし、多くの人にとっては、難しそうですね。宇宙ステーションで食べる宇宙食にすら、コーヒー、ジュース、クッキーなどの嗜好品が用意されています。そこで、この章では以下のように仮定してみましょう。

仮定　人は生きていくうえで、なにかしら嗜好品を必要とする。

もしそうだとすれば、イスラーム教徒はどのように嗜好品を嗜むと予想できるでしょうか。「お酒が飲めないなら、ほかの嗜好品もなくてもいいや」と皆考えるでしょうか。それより、「お酒が飲めないなら、その分ほかの嗜好品を楽しみたいな」と思うのではないでしょうか。そこで、つぎの仮説を立てることができそうです。

仮説1　イスラーム教徒は、飲酒を禁止されているが、その分別の嗜好品を楽しんでいるだろう。

ただし、いくら同じような（禁酒という）制約があるといっても、全員が同じような嗜好品を楽しむとはかぎりません。むしろ、嗜好品は、その人の好みやライフスタイルに左右され、多様な関わり方があってしかるべきです。若くて独身の男性と、年輩で結婚し子どももいる女性とでは、嗜好品を楽しむ目的も、嗜好品の種類も異なりそうです。

そこで、つぎのように「嗜好品の楽しみ方にはいくつかのパターンがあるだろう」と予想してみましょう。そのとき、禁酒というイスラーム教徒の制約が、どのように関わっているのを考えてみたいと思います。

仮説2　イスラーム教徒にとって、嗜好品の楽しみ方には多様なパターンがあり、多様な魅力を感じているだろう。

2――分析方法：インタビュー調査とアンケート調査の混合研究法

2・1――調査の概要

2つの仮説を、どのように検証すればよいでしょうか。ここでは、インドネシアでインタビュー調査とアンケート調査を実施しました。インタビュー調査かアンケート調査のどちらかだけでもよいのですが、両方からアプローチすることで、より複眼的、多元的に謎を解明できます。ただ、複数のデータがバラバラなままではなく、有機的に混合されている必要があります。

調査は、2017年3月に3日間に渡り、スラバヤ近郊で実施されました。スラバヤは、ジャワ島西部にあり、インドネシア第2の都市です。

表１　インタビュー対象者

仮名	県	区・村	性別	年齢	教育	婚姻状態	職業
A	グレシック県	区	男性	20代	大学	未婚	英語家庭教師
B	グレシック県	区	女性	50代	高校	死別	小規模ストア経営
C	グレシック県	区	男性	40代	高校	既婚	工場作業員
D	グレシック県	区	男性	40代	高校	既婚	会社経営
E	グレシック県	区	女性	40代	大学	未婚	工場作業員
F	シドアリョ県	村	女性	30代	大学	既婚	会社経営
G	シドアリョ県	村	男性	30代	高校	未婚	工場作業員
H	シドアリョ県	区	女性	50代	小学校	死別	自宅でアイスティー作り
I	シドアリョ県	区	女性	30代	高校	既婚	会社経営

（注）仮名はインタビューした順序。プライバシー保護のため、一部を曖昧にした。BはAのおば。

調査した地域は、グレシック県（1日目、スラバヤ北）、シドアリョ県（2日目と3日目、スラバヤ南）、モジョケルト県（3日目、スラバヤ南西）の3県です。それぞれ1～3の区または村へ行き、各地域で4～5名、合計26名を対象としました。対象者は、ジャカルタの調査会社に、エリア・サンプリングという方法で無作為抽出（ランダム・サンプリング）してもらいました。

データ収集は2段階に分かれます。第1段階では、調査票を用いて、26名に訪問面接によるアンケート調査を実施しました。1名につきおよそ1時間でした。こうして得たデータは、統計的に「量的」に分析されます。

第2段階では、26名の対象者のうち、筆者が担当した9名に、アンケート調査を踏まえてその直後（またはアンケート調査中に）インタビュー調査を実施しました。「どのような目的やシチュエーションで嗜好品を楽しむのか」「禁酒についてどう思うか」「今のライフスタイルをどのように感じているか」などについて、20分ほど自由に話してもらいました。このデータは、統計ではなく言葉で「質的」に分析していきます（インタビュー対象者は表1）。この章では、インタビュー調査データの分析を中心に行い、アンケート調査データで裏付けて補強することにしましょう。

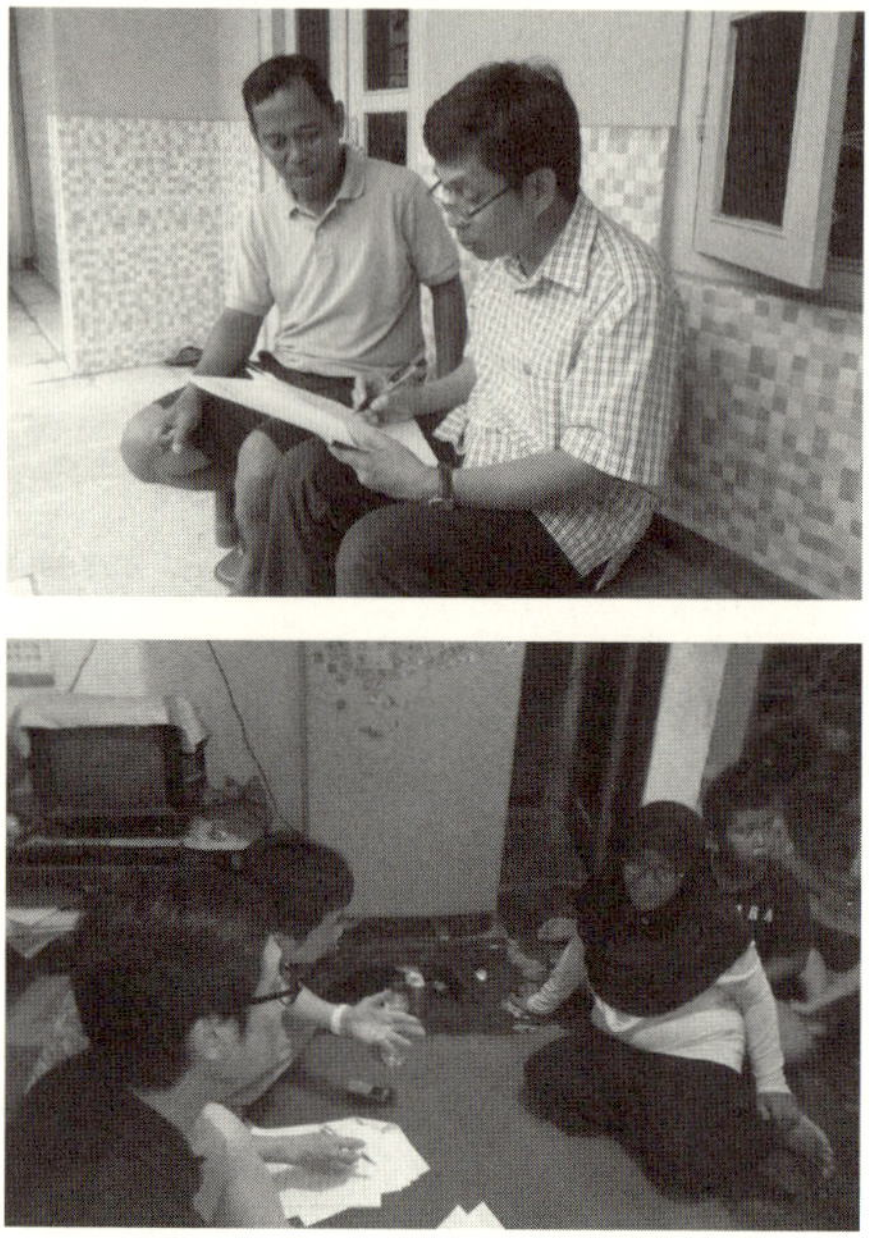

図2　インタビューの様子

（注）上の写真の左がインタビュー対象者Dさん、下の写真の左が筆者（小林と岡本）、右2人目がHさん。

現場では、2～4チームに分かれて、インドネシア語のできる日本人か、現地調査会社メンバーが対象者とやりとりをしました。図2がその様子です。写真上のように、屋外で話をきくこともあれば、写真下のように自宅で行なわれることもありました。

表２　対象者の内訳

	男性の比率	平均年齢	未婚者の比率	既婚者の比率	離死別者の比率
アンケート対象者26名	50.0％	39.3歳	15.4％	73.1％	11.5％
うちインタビュー対象者９名	44.4％	40.4歳	33.3％	44.4％	22.2％

２・２――混合研究法としてのデザイン

今回のように、異なる複数のデータ（とくに質的データと量的データ）を収集して分析することは、「混合研究法」と呼ばれます。混合研究法としてみると、データ収集のタイミングはアンケート調査のあとにインタビュー調査を実施しますので、「順次的」となります。

重みづけは、インタビュー調査データが中心です。今回のようにアンケート調査のあとインタビュー調査をする場合、アンケートが中心となることが多いのですが、ここではあえてインタビュー調査結果をアンケート調査結果で裏付けるという方針をとりましょう。

混合の方法は、解釈において２つの結果を統合していきます。したがって、全体としては「説明的デザイン」という混合研究法となります（クレスウェル、プラノクラーク『人間科学のための混合研究法』北大路書房、２０１０年、93頁）。

混合研究法を用いることではじめて、「どのように嗜好品を楽しんでいるのか（あるいはいないのか）」について、「理由にさかのぼって」「全体像」まで鮮やかに浮き彫りにできます。もし質的データだけですと、嗜好品を摂取する理由などが詳しく分かりますが、全体としてどうなのかは不明なままで質問（嗜好品）　あなたは、以下のことをどれくらいの頻度で楽しんでいますか。

	毎日	週数回	週１回	月数回	月１回	月１回以下	まったくない
コーヒー	1	2	3	4	5	6	7
茶	1	2	3	4	5	6	7
菓子	1	2	3	4	5	6	7
酒	1	2	3	4	5	6	7
たばこ	1	2	3	4	5	6	7

図３　アンケート調査の質問

す。一方、もし量的データだけですと、嗜好品の摂取状況の全体像は分かりますが、「なぜそうなのか」までは読みとれません。

分析の対象者の内訳は、表2となりました。全26名とそのうちのインタビュー対象者9名を比較すると、性別や年齢で大きな違いはありませんでした。ただ、インタビュー対象者には未婚者がやや多く、既婚者がやや少ないようです。全員がイスラーム教徒でした。人種では、25名がジャワ人、１名がスンダ族（ジャワ島西部の民族）でした（インタビュー対象者のうちでは0名）。なお、対象者が26名というのは、量的データとしては少ないほうでしょう。このことに注意しながら、分析する必要があります。

2・3——嗜好品についての質問

調査票で、５つの嗜好品について、図３のように質問しました。「コーヒー」「お茶」「菓子」「酒」「たばこ」の５つについて、楽しむ頻度を質問しています。

皆さんも、自分が質問されたと想像して、回答してみてください。どうだったでしょうか。すべてが「毎日」という人や、すべてが「まったくない」という人は、あまりいなかったのではないでしょうか。どれかが多く、どれかは少ないという人が、ほとんどだと思います。

アンケート調査が終わったあと、インタビュー対象者の9名には、嗜好品の優先順位、シチュエーション、目的などをつぎのように質問して、自由に回答してもらいました。

質問（嗜好品の詳細）　あなたは、アンケート調査で選んだ嗜好品のうち、どれがいちばん好きですか。それぞれ、どのようなシチュエーションで、どのような人と利用していますか。嗜好品を摂取するのは、どのような目的のためですか。

なお、調査初日で10名へのアンケート調査が終わった段階で、調査票を見直したため、それ以降ですこし変更がなされました。図3は、変更後に残りの16名に使用されたものです。変更前では、「酒頻度」は「ビール頻度」「ワイン頻度」「その他の酒頻度」に分けていました。しかし、全員がまったく飲酒しなかったため、1つにまとめました。

3——分析結果：インドネシアにおける嗜好品のパターン

3・1——イスラーム教徒にとって嗜好品とは（仮説1の検証）

イスラーム教徒は、禁酒という制約があるなか、どのように嗜好品を楽しんでいるのでしょうか。インタビュー調査をした9人には、やはりお酒を飲む人がいませんでした。では、インドネシア人は禁酒というタブーに負担を感じているのでしょうか。

たとえばGさん（30代男性）は、「たしかにイスラーム教で禁止されているけど、飲みたいと思ったことはない」とのことでした。他の人も、同様のようです。

そのかわり、コーヒーかお茶を、ほとんどの人が挙げていました。コーヒーは、「マンデリン・コーヒー」などインドネシアの特産品でもあります。たとえば、Aさん（20代男性）は、コーヒーをワルンで毎日飲んでいます。「ワルン」というのは、屋台や屋根だけの庶民的なカフェのことで、インドネシアではあちこちにあります（ワルンでのコーヒーの写真は図4上）。

筆者：コーヒーは、どれくらい飲みますか。

Aさん：1日1杯くらいですね。本当はもっと飲みたいし、以前は毎日3杯飲んでいたんですけど、胃を悪くしちゃって今は減らしてるんですよ。だいたい家や近所のワルンで、飲みながら友人たちとお喋りしますね。

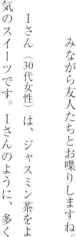

Iさん（30代女性）は、ジャスミン茶をよく飲みます。「揚げバナナ」は、インドネシアでは人気のスイーツです。Iさんのように、多くの人はコーヒーやお茶と一緒に菓子を食べるようです。

図４　（上）Cさんインタビュー時のコーヒー、（下）Hさんからもらった菓子（左はゼリー、右はクッキー）

Iさん：お茶は毎日２回くらい飲みます。ジャスミン茶が好きですね。一緒に、揚げバナナなどのスイーツを食べることも多いです。

インタビューした９人のなかで、嗜好品５個のうち「お茶だけ利用」という人が1名いました（「コーヒーだけ」はいませんでした）。そのBさん（50外女性）は、お茶を週に何回か飲みますが、それ以外の嗜好品は摂っていません。生活が苦しいこともあり、楽しみは公園への散歩くらいとのことでした。

一方で、コーヒーやお茶を飲まない人も、2名いました。そうした人たちは、どんな嗜好品を楽しんでいるのでしょうか。2名とも、信仰心が強く、禁欲的な生活をしています。Eさん（40代女性）は、菓子を食べるだけでした。

Eさん：菓子を食べることはありますが、甘いものは苦手なのでしょっぱいものばかりです。他の嗜好品はゼロですね。

筆者：どうしてでしょう。

Eさん：ストレスがとくにないので、よく寝るだけで十分なんです。いつも神に感謝しながら生活しています。あ、ただ、美味しい食事を食べるのは大好きです。

Hさん（50代女性）は、家でおいのりをすることが唯一の趣味で、暇があるとクルアーンを読みます。月曜と木曜は（日中のみ）自発的に断食をします。菓子は毎日食べているそうで、インタビュー中にゼリーやクッキーやお煎餅をご馳走になりました（図4下）。

表3　インタビュー結果

仮名	年齢、性別	摂取する嗜好品	場所	目的など	目的のパターン
A	20代男性	たばこ、コーヒー、茶、菓子	ワルン、家	友人とお喋り	コミュニケーション
C	40代男性	コーヒー、茶、たばこ、菓子	ワルン	コミュニケーション、バランスが大切	コミュニケーション
D	40代男性	茶、コーヒー、たばこ、菓子	ワルン	仕事の情報交換	コミュニケーション
I	30代女性	茶、菓子、コーヒー	家	家族や友人とお喋り	コミュニケーション
B	50代女性	茶	家	リラックス	リラックス
E	40代女性	菓子	家	ストレス解消、禁欲的生活	リラックス
F	30代女性	茶、菓子	家	リラックス、体を温める	リラックス
G	30代男性	茶、菓子	ワルン、家	リラックス	リラックス
H	50代女性	菓子	家	リラックス、禁欲的生活	リラックス

（注）摂取は多い順。下線はもっとも好きなもの。

Hさん：菓子以外はすべてゼロです。コーヒーは高血圧のため、飲めませんので、水を飲んでいます。

筆者：じゃあ菓子というのは、どのようなものでしょうか。

Hさん：（実物を部屋から取りだして）揚げたお菓子、ドーナツ、干菓子、ゼリー、パンなどです。どれも家で作るのではなく購入してきて、家にあれば食べちゃいます。テレビみながらとか。といっても、食事のほうが菓子より好きなんですけど。

こうした菓子は、インドネシアでは男女問わず人気があります。Dさん（40代男性）は、週数回、揚げバナナを食べるそうです。Fさん（30代女性）は、ドーナツ、ブラウニー、そしてやはり揚げバナナを自作します。Gさん（30代男性）は、フライド・ポテトを月1回ほど食べるとのことでした。私たち日本人からすると、揚げ物が多い印象を受けるかもしれませんね。

これらから、コーヒー、お茶、菓子はインドネシアにおける嗜好品の「ビッグ・スリー」といえそうです。

なお、たばこの摂取は二極化していました。9名のうち3名は毎日吸い、6名はまったく吸いませんでした。インタビュー結果をまとめると、表3となります。

3・2——アンケート調査結果では

これらのことを、（インタビュー調査した9名を含む）26名へのアンケート調査で、確認してみましょう。どうなるでしょうか。表4に、嗜好品ごとに26名分の摂取頻度が、記載されています。

コーヒーとお茶は、それぞれ毎日や週数回以上が26名のうち4～5割います。と同時に、まったく飲まない人もそれぞれ3～5割ほどいました。ゆるやかに二極化しているようです。菓子はどうでしょうか。こちらは毎日と週数回以上で6割いて、二極化もしていません。幅広く愛され

表4　アンケート結果（嗜好品の摂取頻度、26名）

	毎日	週数回	週1回	月数回	月1回	月1回以下	まったくない	平均月回数
コーヒー	34.6%	7.7%	0.0%	0.0%	7.7%	0.0%	50.0%	11.2
茶	34.6%	19.2%	11.5%	3.8%	0.0%	3.8%	26.9%	12.9
菓子	38.5%	23.1%	7.7%	7.7%	11.5%	3.8%	7.7%	14.4
酒	3.8%	0.0%	0.0%	0.0%	0.0%	0.0%	96.2%	0.4
たばこ	26.9%	0.0%	0.0%	0.0%	0.0%	0.0%	73.1%	8.1

（注）平均月回数は毎日を30、週数回を10、週1回を4、月数回を2、月1回を1、月1回以下を0.5、まったくないを0として、26名の平均を求めた。

ていることが分かりますね。

では、「コーヒーまたはお茶を飲む人」はどれくらいいたでしょうか。これは、26名のうち85%の人が該当しました。つまり、8割以上の人が、コーヒーかお茶（あるいは両方）を楽しんでいます。これに菓子が加わると、26名全員が、どれか（あるいは複数）を嗜んでいました。つまり、「コーヒーもお茶も菓子もすべて摂取しない人」は、26名中ゼロでした。このように、コーヒー、お茶、菓子が「ビッグ・スリー」であることが、アンケート調査からも裏付けられました。

飲酒する人が、26名のなかに1名いましたが、それ以外はまったく飲みませんでした。喫煙者はアンケート調査でも、二極化していました。

嗜好品ごとに、月に何回摂取するかを26名について平均してみましょう（表4）。すると、菓子がもっともおおく14・4回、つぎにお茶12・9回やコーヒー11・2回でした。やはり、これらがビッグ・スリーといえます。

（表にはありませんが）５個の嗜好品のうち、何個を摂取しているかを調べてみました。その結果、０個という人はいませんでした。つまり、26名はなにかしらの嗜好品を生活のなかで楽しんでいました。５個全部という人も、いません。１個の人は６名、２個８名、３個６名、４個６名いました。見事に散らばっていますね。

平均は２・５個です。したがって、多くの人は、５つの嗜好品のうち２～３個ほどを嗜んでいました。どれかに偏ることなく、多様な嗜好品を楽しんでいるのですね。これらのアンケート調査結果はどれも、インタビュー調査結果とおおむね一致していることが分かります。

3・3――嗜好品の魅力はなにか（仮説2の検証）

それでは、嗜好品の楽しみ方に、なにかパターンはあるのでしょうか。ここで、インタビュー調査が役だちます。「どのような目的で嗜好品を摂取しますか」と質問しました。

１つの典型的パターンは、つぎのＤさん（40代男性）のようなケースです。

筆者：紅茶やコーヒーを毎日飲むそうですね。どのような場所で、どういった目的でなのでしょうか。

Ｄさん：私は会社を経営しています。お茶やコーヒーには、ワルンへ行きます。ワルンでは、だいたい友人や同業者がだれかしらいるんですね。なので、お茶やコーヒーを飲みながら、仕事上の情報交換をしています。私の仕事にとって、不可欠なことなんです。

Cさん（40代男性）も、ワルンでコーヒーなどを、友人たちとまったり飲むのが好きだそうです。Cさんはコーヒー、お茶、菓子、たばこと4種類の嗜好品を摂取していたので、筆者が「どれが一番好きですか」と質問すると、「強いていえばコーヒーだけど、どれかに偏るのはよくないと思うんだ。バランスを大切にしている」とのことでした。

Aさん（20代男性）とIさん（30代女性）は、ワルンだけでなく、家でも嗜好品を楽しんでいました。

Aさん：自分の家に友人が来たり、友人の家に行ったり。一緒にたばこ吸ったり、コーヒー飲みます。

Iさん：よく家で、ジャスミン茶を飲みながら、家族や友人とお喋りします。スイーツとか食べながらね。私にとって、なにより楽しい時間です。

こうした人たちは、「コミュニケーションのため」に嗜好品を役立てているといえそうですね。ですので、コミュニケーションが円滑になることが、嗜好品の魅力の1つ目なのでしょう。

これにたいして、もう1つの典型的パターンは、つぎのFさん（30代女性）のようなケースです。

Fさん：お茶飲むのは、ワルンは少なく、家が多いですね。リラックスしたいとき。あと、雨期は寒いので、体を温めるためでもあります。ブラウニーなどのスイーツと一緒に。

Bさん（50代女性）も、家でリラックスするために、お茶を飲むそうです。Gさん（30代男性）は、家だけでなく、つぎのようにワルンやサリサリ・ストア（キオスクのような簡易ストア）を利用します。

Bさん：紅茶が一番好きです。朝は家で、昼はワロンで飲みますね。リラックスしたいから。あと、街中のサリサリ・ストアでジュースを飲むこともありますよ。

禁欲的な生活をする2人は、どうでしょうか。Eさん（40代女性）は、「ストレス解消のため」に、菓子を家で食べるとのことでした。Hさん（50代女性）は、「家に菓子を常備していて、リラックスするためにちょこちょこ食べている」そうです。

こうした人たちにとって、嗜好品はコミュニケーションのためというより、自分が「リラックスするため」といえそうです。これが、もう1つの嗜好品の魅力でしょう。

こうして、嗜好品を摂取する目的として、コミュニケーションとリラックスの２つのパターンがありました（表３ではパターン別にインタビュー対象者が分かれています）。したがって、インドネシア人には、コミュニケーションとリラックスという２つの魅力が、嗜好品にあることが分かりました。

３・４――ふたたびアンケート調査では

このことを、アンケート調査結果でも確認できるでしょうか。今度は、インタビュー調査結果で２つのパターンに分かれたので、分析できるのはインタビューした９名のみです（残りの15名についてはパターンが分かりません）。

コミュニケーション目的の人は４名、リラックス目的は５名いました。まず、目的のパターン別に、何種類の嗜好品を摂取しているのか、平均を比較してみましょう。すると、図５左の折れ線グラフとなり、コミュニケーション目的の人たちは平均して（５個のうち）3.8個にたいして、リラックス目的の人たちは1.4個と半分以下でした。ずいぶん違いがあるのですね。

つぎに、個人ごとに摂取する嗜好品の頻度を合計しましょう（ある人がコーヒーでも菓子でも月に何回摂取するのかを表します）。その平均を、目的のパターン別に比較しました。すると、図５右の折れ線グラフとなり、コミュニケーション目的の人たちは平均すると嗜好品を月に67・８回摂っていました（１日に２回ほど）。リラックス目的の人たちは22・６回（１日に１回あるかないか）

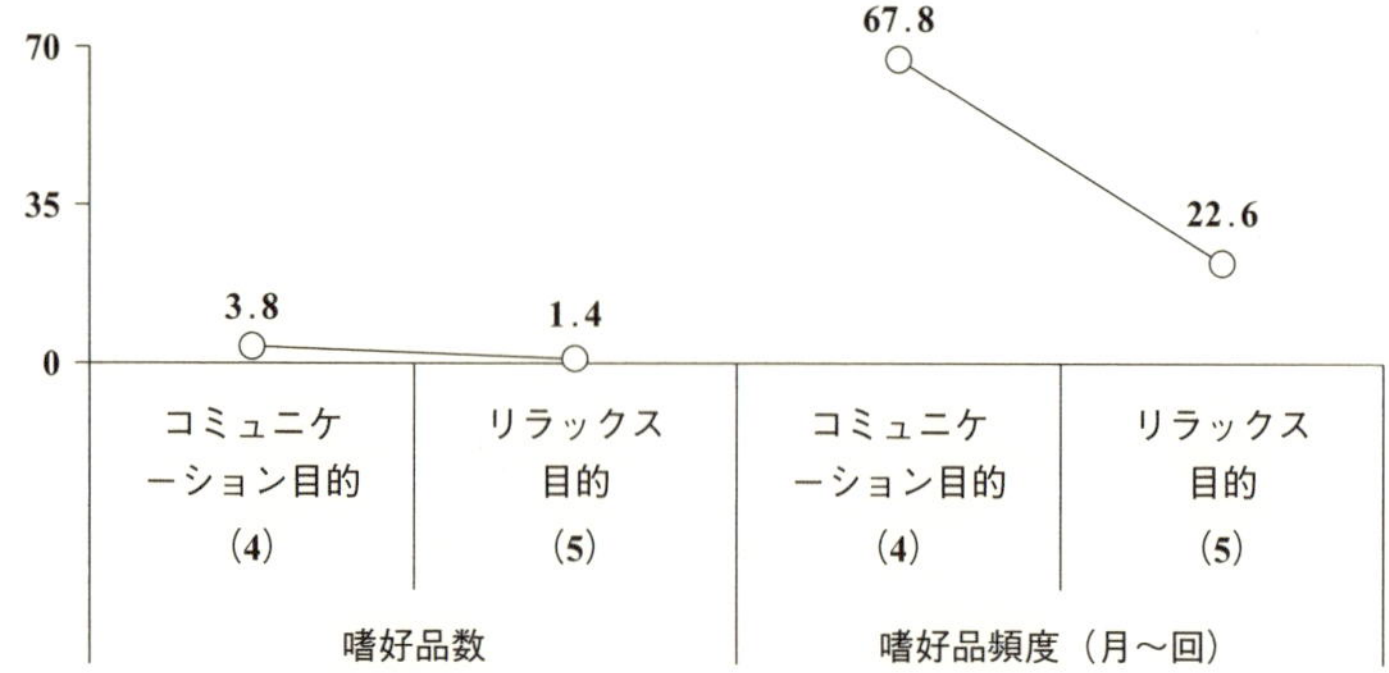

図5　嗜好品摂取の目的別、嗜好品数と嗜好品頻度（月〜回）

（注）（　）内は人数。嗜好品数は「コーヒー、茶、菓子、酒、たばこ」の5種類のうち、いくつを（すこしでも）摂取しているかを表す。嗜好品頻度は、個人が摂取するすべての嗜好品の頻度を合計したもの（単位は月〜回）。

で、およそ3分の1となっていました。

このように、コミュニケーション目的とリラックス目的では、アンケート調査結果からも嗜好品との関わり方に明確な違いがあることが分かます。したがって、インタビュー調査結果が、アンケート調査結果からも裏付けられました。

4――魅力

4・1――嗜好品の2つの魅力

（1）この章では、イスラーム教徒が禁酒というタブーに制約されながら、嗜好品とどのように関わっているのかという謎に、アタックしました。

（2）そのために、インドネシア人を事例として、第2の都市スラバヤ近郊で26名へのアンケート調査と、そのうち９名へのインタビュー調査を実施しました。

（３）インタビュー調査から、飲酒をする人はおらず、「とくに飲みたいとも思わない」とのことでした。そのかわり、コーヒー、お茶、菓子が人気で、嗜好品のビッグ・スリーとなっていました。たばこについては、喫煙者と非喫煙者で二極化していました。これらのことは、26名へのアンケート調査からも裏付けられました（嗜好品５個のうち平均2.5個を利用）。したがって、仮説１についていて、つぎのように検証することができるでしょう（図６上）。

仮説１の検証結果　仮説は支持された。イスラーム教徒は飲酒を禁止されているが、その分積極的に別の嗜好品を楽しんでいた。とくに、コーヒー、お茶、菓子がビッグ・スリーとして人気がある。このように、多くの人は複数の多様な嗜好品を楽しんでいた。

（４）さらに、インタビュー調査から（おもにワルンで）だれかとコミュニケーションすることを目的とする人たちと、（おもに家で）自分がリラックスすることを目的とする人たちがいることが、分かりました（図６下）。インタビューした９名へのアンケート調査から、コミュニケーション目的の人たちは嗜好品の種類も、頻度も多いことが分かり、インタビュー調査結果が裏付けられました。したがって、仮説２へはつぎのように検証結果を与えることができます。

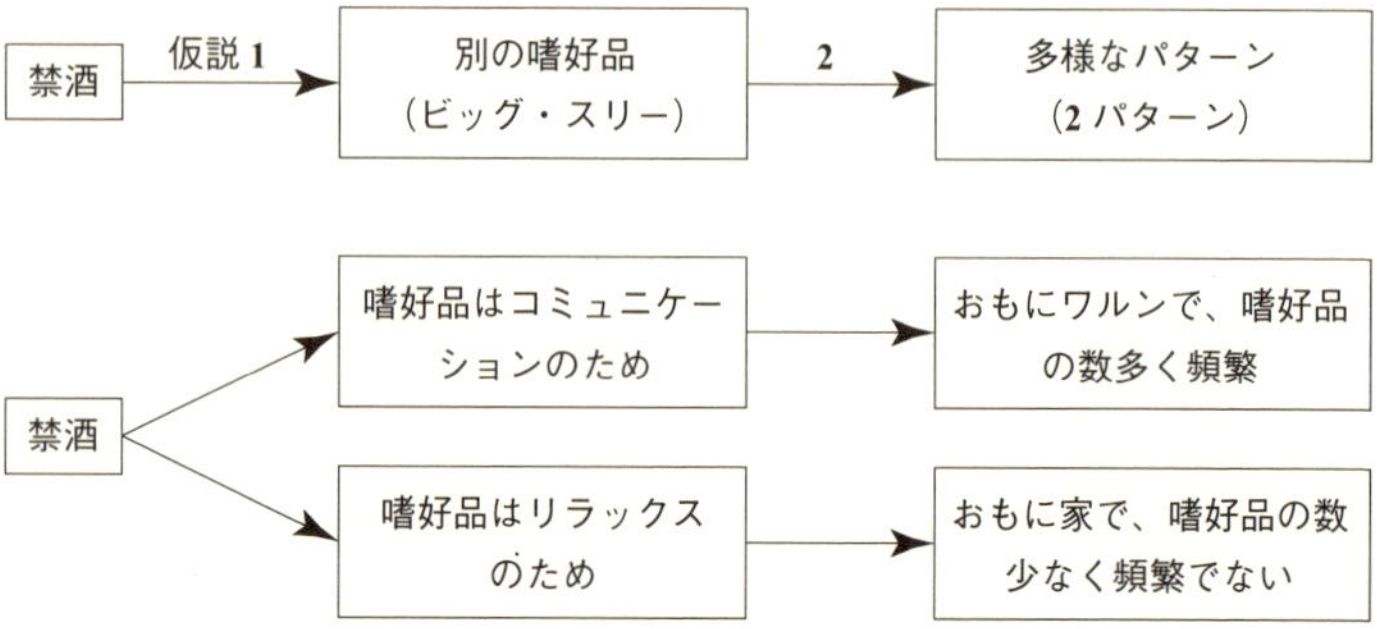

図 6　分析結果の要約

仮説2の検証結果　仮説は支持された。嗜好品との関わり方には、2つのパターンがあった。コミュニケーション目的の人たちは、おもにワルンで楽しみ、嗜好品の種類が多く、頻繁だった。リラックス目的の人たちは、おもに家で楽しみ、種類も頻度も少なかった。このように、嗜好品と多様な関わり方をし、多様な魅力を感じていた。

(5) こうした結果は、インタビュー調査をアンケート調査で裏付けるという混合研究法アプローチによって、はじめて得ることができました。

4・2――嗜好品とはリビング・ルーム

以上の分析結果から、最初の謎につぎのように回答できそうです。

謎への回答　イスラーム教徒は、飲酒が禁止されているが、かえって多様な嗜好品に、(コミュニケーションやリラックスという）多様な関わり方をして、多様な魅力を引きだしていた。その結果、制約があっても（むしろ制約があるために）、豊かなライフスタイルを送っているようだ。これらは、インタビュー調査結果をアンケート調査結果で裏付けることで分かった。

つまり、インドネシア人は飲酒が禁止されていながら、嗜好品を諦めることはありませんでした。それどころか、かえって禁止されているがゆえに、お酒以外のものを積極的に生活に取りいれていたといえそうです。そうだとすれば、嗜好品とは「あってもなくてもよいもの」というよりは、豊かなライフスタイルを送るために「必要不可欠なもの」なのかもしれません。

たとえていえば、嗜好品とは家のなかの「リビング・ルーム」に似ているかもしれません。もしキッチンやダイニング・ルームやトイレや寝室がないと、食事や排泄や睡眠ができなくなるので、生活することは不可能でしょう。では、リビング・ルームはどうでしょうか。

一見すると、なくても生きていくのに支障がないように思うかもしれません。しかし、本当にそうでしょうか。自分が一日のなかで生活する場所を、思い出してみてください。どうでしょうか。家族とお喋りしたり、テレビを見たり、のんびりと雑誌を読んだりして、意外と長い時間をリビング・ルームで過ごしていないでしょうか。

コーヒーや菓子などの嗜好品も同様に、たとえなくなったとしてもただちに生死に関わることはありません。しかし、なければもしかしたら他人とコミュニケーションをとったりリラックスする機会を失ったりして、生活が殺伐としたものになるかもしれません。イスラーム教徒には、ただでさえお酒という嗜好品が禁止されているため、かえって他の嗜好品の魅力を見いだし、嗜好品を生活に貪欲に取りこんでいるようでした。

リビング・ルームがその家らしさをよく表すように、「どのような嗜好品を楽しむか」はその人の個性を表し、人間くささを象徴します。こうしてみると、イスラーム教徒も身近に感じられるのではないでしょうか。

4・3——ワルンの役割

今回の分析から、庶民的なカフェである「ワルン」が、インドネシア人の生活にとって重要な役割を果たしていることに、皆さん気づいたかと思います。人びとは一日に何回もワルンへ行き、コーヒーを飲んだり友人とお喋りをしたりします。

日本における喫茶店やカフェのようなものですが、ずっと気軽な雰囲気です。図7上は都市のワルンの様子で、屋台にテーブルが1つあるだけです。図7下は郊外にあったワルンで、木だけの簡素な作りに、テーブルが3つありました。インタビュー中に鶏が駆けぬけていきます。どちらも、入れかわり立ちかわり近所の人がやってきては、談笑していました。

値段はコーヒー、お茶が一杯数十円ほどです。筆者もコーヒーを飲んでみたところ、日本人の感覚からすると（麦茶のようで）かなり薄いものでした。だからこそ、一日に何度も飲めるのでしょう。

こうしたワルンが、いわば街全体のリビング・ルームとして、人びとの生活のなかでコミュニケーションの場を提供したり、リラックスするために利用されたりしているのでしょう。筆者もインタビューのあと、コーヒーを飲みながら対象者とお喋りしていたら、なんともいえずのんびりとした、いい気分になりました。「日本にもワルンのような場所があるといいなあ」と、願わずにはいられませんでした。

図７　（上）都市型ワルン、（下）郊外型ワルン

（注）上の写真の右から２人目がＣさん、下の写真の左がＧさん、右が筆者。

なお、インドネシアでコーヒーというと、インスタントか、粉を鍋で煮出すものです。そして、練乳や砂糖をたっぷり入れます。ワルンで筆者が「砂糖どれくらい入れる？」と聞かれて、「砂糖なしで」と答えたら、店主は「この世にそんなやつがいるのか？」というようなびっくりした顔をしていました。

4・4——今後の課題

（1）この章はイスラーム教徒のうちインドネシア人を事例として、分析しました。今後は、他の宗教や他の地域でも分析し比較できれば、嗜好品のメカニズムをより立体的に解明できるでしょう。

（2）この章では、嗜好品の種類や頻度を分析しました。さらに、生活満足度、嗜好品への満足度、幸福感といった「主観的ウェル・ビーイング」との関わりを分析できれば、嗜好品の魅力をより深く理解することができるでしょう。

読書案内

各国の嗜好品やその歴史について、高田公理・嗜好品文化研究会編『嗜好品文化を学ぶ人のために』（世界思想社、２００８年）が丁寧に紹介しています。コーヒー、茶、菓子、酒、たばこといった代表的な嗜好品や、塩、香水、ジュースなどまで含めて、歴史や現在の状況が分かります。アジアでは、台湾などのビンロウや、イエメンのカートなどが紹介されています。

筆者は、小林盾『ライフスタイルの社会学』（東京大学出版会、２０１７年）という本で、普段の食べ物が食生活への満足度に影響することなどを分析しました。

謝辞

本研究はＪＳＰＳ科研費ＪＰ15Ｈ０２６００、ＪＰ15Ｈ０１９６９の助成を受けたものです。

第2部——日本の嗜好品

第6章

奈良時代の人々は肉を食べていたのか

――歴史学からのアプローチ

有富純也

1――謎

皆さんの好きな料理は何でしょうか。様々な統計結果があり、インターネットでも手軽に見られますが、特に子供であれば、カレーライス、ラーメン、お寿司などとともに、ハンバーグ、鶏のから揚げなどの肉料理が上位に食い込んでくると思います。高校生であれば、焼き肉に目がないという印象です。ともあれ、現代の日本では、老若男女通じて、お肉が好きな人は多いと思います。

しかし、日本列島に人が住み始めてから今まで、お肉を常に好んで食べていたわけではありません。明治3年（1870）、福沢諭吉は、人々に肉食を薦める文章を記していますが、その一部で以下のように記しています（引用は、福沢諭吉『福沢諭吉全集』20、岩波書店、1963年）。

【史料1】福沢諭吉「肉食之説」

（前略）古来我日本国は農業をつとめ、人の常食五穀を用ひ肉類を喰ふこと稀にして、人身の栄養一方に偏り自から病弱の者多ければ、今より大に牧牛羊の法を開き、其肉を用ひ其乳汁を飲み滋養の欠を補ふべき筈なれども、数千百年の久しき、一国の風俗を成し、肉食を穢たるもの丶如く云ひなし、妄に之を嫌ふ者多し。（以下略）

諭吉は、古来日本では肉食を穢れたことと考えてほとんどしておらず、「数千百年」のあいだ、嫌う者が多かった、と述べています。福沢諭吉が述べていることは正しいのでしょうか。日本史の教科書には、「縄文時代には狩猟をしていた」と記してあることが多いですから、さすがに「数千百年」は誇張だと考えられます。それでは、縄文時代以後はどうでしょうか。本章では、古代日本、特に奈良時代（8世紀頃）の日本列島で肉食が行われていたか否か―お肉は嗜好品ではないですが―、考えてみたいと思います。

肉食に関するこれまでの研究を確認しておきましょう。渡辺実氏の古典的研究『日本食生活史』（吉川弘文館、1964年）によれば、奈良時代の肉食について論じた部分で、「奈良朝時代は歴代の天皇のほとんどが肉食を禁止していたのであるが、古くから肉食の味になれていた庶民のあいだでは、これらの禁令もあまり効果はなかった」、「肉食の禁忌はまず（中略）貴族階級のあいだにはじまった」、「農民は、（中略）必要に応じて山野の禽獣を捕ってその肉を食べていた」

と記しています。

確かに、次の史料から、天皇によって肉食が禁じられていた、と考えることも可能でしょう。最初の官撰歴史書『日本書紀』には、以下のようにあります（『日本書紀』の引用は、新編日本古典文学全集『日本書紀』③、小学館、1998年）。

【史料2】『日本書紀』天武天皇四年（六七五）四月庚寅（十七日）条

詔諸国曰。自今以後、制諸漁猟者、莫造檻穽、及施機槍等之類。亦四月朔以後、九月三十日以前、莫置比満沙伎理梁。且莫食牛・馬・犬・猿・鶏之宍。以外不在禁例。若有犯者罪之。

天武天皇が諸国に命令した。「今後、漁業従事者や狩猟に従事する人は、オリや落とし穴を作ったり、さまざまな仕掛の類を使ってはいけない。また、4月1日から9月30日まで、「比満沙伎理梁」（未詳。動物を取る道具か）を置いてはいけない。加えて、牛、馬、犬、サル、鳥の肉を食べてはいけない。それ以外は禁止しない。もし禁を犯したならば、罪に処しなさい。」

一見、肉食禁止を天皇が命令したものと読めますが、その一方でこの史料は「4月1日から9月30日まで」と、期間限定であると解釈することもできます。つまり1月から3月、10月から12

月は肉食が可能であった、という様にも考えることもできるのです。

奈良時代の肉食に関しては、渡辺氏だけではなく、原田信男、平林彰仁、中村生雄などの研究者によって論及されており、基本的には、肉食がまったく行われていなかったとは考えられていないようですが、具体的にどの程度彼らが肉を口にしていたのかについての詳細は、まだ明らかとなっていない点もあります。

そこで以下では、これまでとは異なった研究方法を用いることによって、奈良時代の肉食事情を論じてみたいと思います。

2——法から見た奈良時代の肉食事情

奈良時代の肉食事情について考えるとき、様々な史料があってさまざまなアプローチの方法があるのですが、ここでは、律令という史料を使ってアプローチしていきたいと思います。律令とは、古代日本で作られた根本的な法律です。一般的に律は現代の刑法にあたり、令は現代の行政法にあたります。この律令もいくつかの編目に分類されており、例えば神祇祭祀に関して記されているのは神祇令、税制に関して規定されているのは賦役令といった具合に分類されています（表1）。古代日本において何度か、律令は編纂されていますが、養老二年（718）に作られたとされる養老令はその文言の大半を現代でも知ることができます。

表1　養老律令　編目一覧

［律］

篇	篇目	内容
1	名例律	刑名、加刑や減刑、用語定義などの通則規定
2	衛禁律	宮城や関の警固、守衛に関する罪
3	職制律	官人の職務違反などの罪
4	戸婚律	戸維持や婚姻にかかわる罪
5	厩庫律	畜産や倉庫にかかわる罪
6	擅興律	私軍の設置と派遣にかかわる罪
7	賊盗律	国家反逆・殺人・強窃盗などの罪
8	闘訟律	闘乱や誣告などの罪
9	詐偽律	偽物作成や詐称の罪
10	雑律	その他
11	捕亡律	犯罪人や逃亡者の追捕にかかわる罪
12	断獄律	裁判や刑執行にかかわる罪

［令］

篇	篇目	内容
1	官位令	位階名と、対応する官職の一覧
2	職員令	内外官司の職員構成と職掌
3	後宮職員令	後宮の構成者と後宮職員の職掌
4	東宮職員令	皇太子家政の官職・官司
5	家令職員令	親王・上級官人の家政機関職員
6	神祇令	国家祭祀
7	僧尼令	寺院僧尼統制
8	戸令	公民統制（戸籍・婚姻・奴婢）
9	田令	田地の管理・班田・田租
10	賦役令	調庸雑徭等、公民への賦課
11	学令	大学の制度と学問の内容
12	選叙令	官人への出身・官位の種類
13	継嗣令	皇族・上級官人の地位継承
14	考課令	官人の勤務評定・採用試験
15	禄令	官人への給与
16	宮衛令	宮城、天皇の守衛
17	軍防令	軍団兵士や軍備・防人
18	儀制令	天皇の称号や官人の儀礼
19	衣服令	服色統制
20	営繕令	土木・建築などの造営事業
21	公式令	文書雛型、文書行政
22	倉庫令	倉などの管理
23	厩牧令	牧や駅などの管理
24	医疾令	医療官人任用、薬の管理
25	仮寧令	官人の休暇
26	喪葬令	天皇や官人の葬送と服喪
27	関市令	関や市の管理、交易統制
28	捕亡令	犯罪人や逃亡者の追捕
29	獄令	裁判・刑罰
30	雑令	度量衡・斎日など

『日本歴史大事典』3、小学館、2001年を一部改変。

さて、この法律のなかでお肉に関して記されている条文が3条ほどあります。このうち、2つをとりあえず見ていきましょう（律令の引用は、『日本思想大系　律令』岩波書店、1976年）。

【史料3】　養老神祇令11散斎条

凡散斎之内、諸司理事如旧。不得弔喪、問病、食完。亦不判刑殺、不決罰罪人、不作音楽、不預穢悪之事。（以下略）

散斎という潔斎期間中においては、諸官司はいつも通り仕事をしなさい。ただし、亡くなった人の弔問をしたり、病気のお見舞いをしたり、お肉を食べたりしてはいけません。また、死刑の文書を決裁したり、罪人の罰を決めたり、音楽を奏でたり、その他穢れるような悪いことに関与してはなりません。（以下略）

部分的には「お肉を食べてはいけません」と書いてありますから、肉食は禁止されているかのようにも読めますが、史料をはじめから読んでみると、「散斎という潔斎期間中においては」とあるので、この時期のみ、肉食が禁止されており、そうでない時期には肉食が禁止されていない可能性もあります。

ここで少し話がそれますが、実は、日本の律令のすべては当時の日本人がイチから考えて編纂したものではありません。元ネタがあります。それは、当時の中国です。その頃は唐という国でした。この唐でも律令が編纂されており、それを参考にしたり、あるいは完全なコピーをしたりして、日本の律令も編纂されたのです。当時、中国には日本から遣唐使が派遣されていました。彼らが帰国する際に、中国の律令を持って帰ってきて、それを日本で検討・研究し、日本での律令がつくられたのだと推測されます。

日本の律令と異なって唐の律令は、まとまった形で残っていないのですが、仁井田陞という学者が中国のさまざまな書物を見て唐令の逸文（ほかの書物などに一部が引用されていて、完全には伝来していない文章などのこと）を発見してその復旧を行い、『唐令拾遺』という本にまとめました（仁井田陞『唐令拾遺』東方文化学院、1933年）。さらにその後、池田温氏やその弟子筋にあたる人たちが、さらに研究をすすめて唐令の逸文を見い出し、それらをまとめて『唐令拾遺補』という本を出版しています（池田温編集代表『唐令拾遺補』東京大学出版会、1997年）。

先にみた日本養老神祇令は、唐に神祇令という名称のものは存在せず、同様なものとして祠令という名称のものがあります。このことからもわかるように、神祇令の条文は、独自に日本でつくられたものが多いのですが、史料3の散斎条に関しては、中国の祠令に元ネタがあります。『唐令拾遺』『唐令拾遺補』を見ると、祠令38条にほぼ同文があり、次のように復元されています。いま、「ほぼ同文」と書きましたが、実は異なる部分もありますので、史料3と史料4とをよく見比べて、違いを見つけてください。

【史料4】唐永徽祠令38散斎条

諸散斎之内、（中略）不得弔喪、問疾。亦不判署刑殺文書、不決罰罪人、不作楽、不預穢悪之事。（以下略）

わかりましたか？いくつか細かな点で相違があると思いますが、ここで注目したいのは、肉食の部分、「食宍」がないのです。つまりこの法律から、当時の中国では、潔斎の時期において、お肉を食べることを禁じられていなかったことが知られます。しかし日本社会では、潔斎期間にお肉を食べることがいけないことだという社会通念があったため、唐令を参考にして養老令を編纂した人物が、「食宍」という語句を付け足したのだと考えられます。蛇足ですが、このように唐の法律と古代日本の法律を比較することで、古代日本の特徴を探る研究方法を「日唐比較律令研究」と言い、多くの日本古代史研究者が採用する方法です。

以上の検討から、古代日本では、少なくとも潔斎をする期間においてはお肉を食べることが禁止されている、あるいは肉食に抵抗を持つ人々が多い、ということがわかったかと思います。では、潔斎をしていない時期はどうでしょうか。他の養老令などを見ることで、考えていきましょう。厩牧令27因公事条です。厩牧令とは、国家による馬牛の飼育、管理と利用について規定された法律です。

【史料5】養老厩牧令27因公事条

凡因公事、乗官私馬牛以理致死、証見分明者、並免徴。其皮宍、所在官司出売。送価納本司。（以下略）

国家の仕事によって、馬や牛に乗り、正当な理由で馬牛を死なせてしまった場合、特に罰さないこととする。死んだ馬牛の皮や肉は、その担当官司が売り、利益はその担当官司のものとせよ。（以下略）

死んだ馬牛に何らかの利用価値がなくては売買が成り立ちませんので、ここで、皮とともに肉が売られているということは、この売られた肉を食する場合があったと推測できます。とすると、当時の一般的な日本人は、儀式で用いるなどの特別なことがなければ、お肉を食べていたこととなるでしょう。

しかし、ことはそう単純ではありません。ここまで古代日本の律令について論じるとき、養老令のみを取り上げてきましたが、養老令以前にも、編纂された法律があるのです（表2）。その存在が疑問視されているものまで含めれば、近江令・飛鳥浄御原令・大宝令です。残念ながら、近江・飛鳥浄御原両令は、条文そのものがほぼわかりませんが、大宝令は、ある史料から復元することができます。

表2　中・日における令の制定

西暦	中国	日本
651	永徽令	—
671	—	近江令？
685	垂拱令	—
689	—	飛鳥浄御原令
701	—	大宝令
705	神龍令	—
715	開元三年令	—
718	—	養老令
719	開元七年令	—
737	開元二十五年令	—
1029	天聖令	—

※中国令は、すべてを網羅しているわけではない。

平安時代の前期、惟宗直本という学者が、『令集解』という、養老令の注釈書（解説書）を編みます。この『令集解』は、直本が単独で書いたものではなく、それまでの注釈を集成したものです。つまり、様々な法律家の解釈が集められていると言えます（図1）。多くの法律家は、養老令を注釈しているのですが、「古記」という注釈だけは、大宝元年（701）に制定された大宝令を注釈しているようなのです。養老令は養老二年（718）に制定されていますので、たった17年で新たな法律が制定されたということになります。とはいえ、法律をガラッと変えるほど社会や国家のあり方が変化したわけではありませんから、大宝令と養老令の相違は、微調整程度のことが多く、場合によっては同文であることも少なくありません。したがって、養老令の注釈書のなかに、大宝令の注釈が紛れ込んでいても、それほど問題がないのです。

ともあれ、この「古記」を読むことによって、大宝令と養老令との異同がわかる場合があるのです。

では実際に、厩牧令27因公事条の『令集解』古記を見てみましょう。この『令集解』は、専門

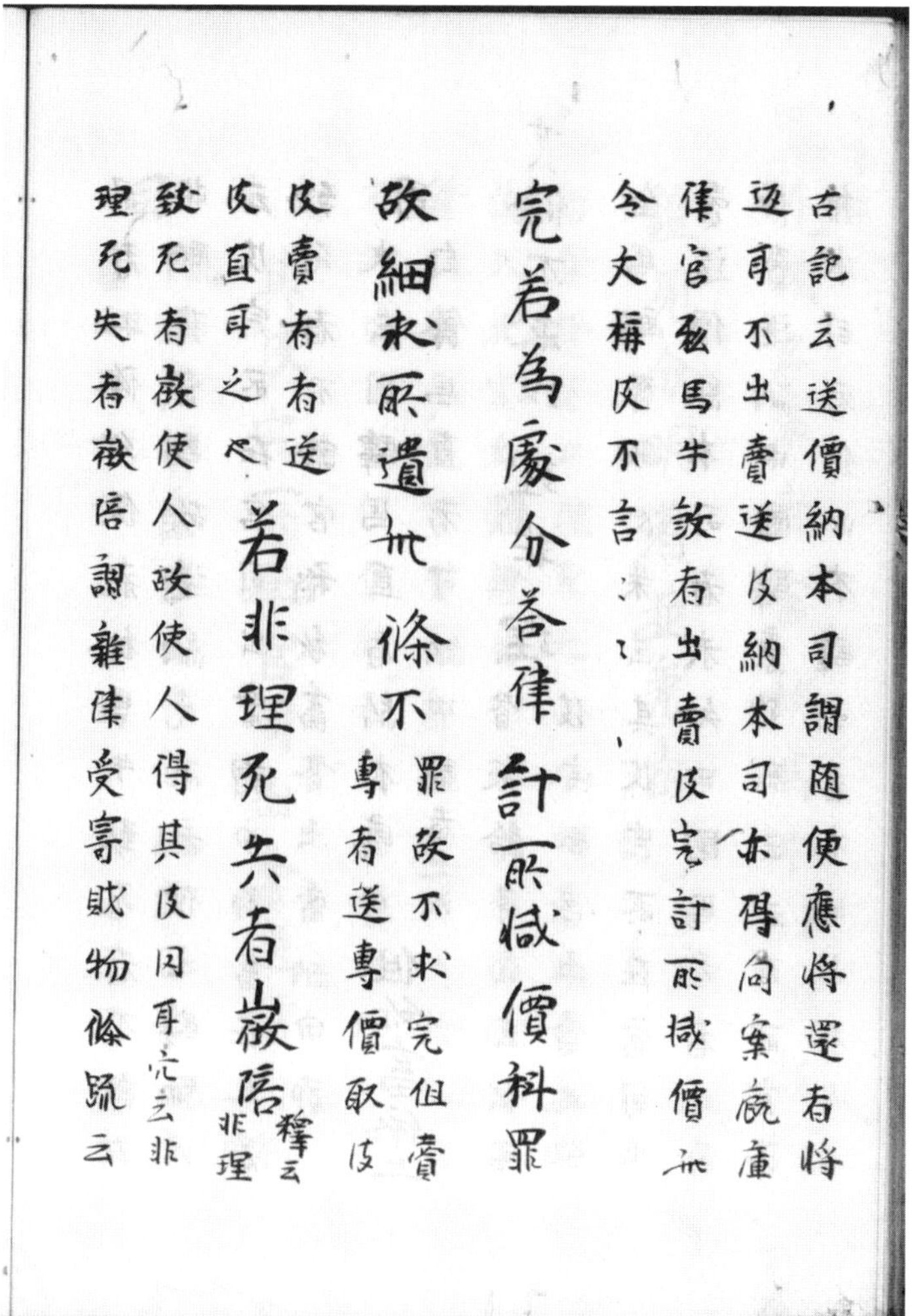
古記云送價納本司謂随便應将還者将
返耳不出賣送皮納本司亦得向案底庫
律官私馬牛殺者出賣皮完計所減價無
令大稱皮不言〻〻
完若為處分答律計所減價科罪
故細求所遺無條不罪故不求完但賣
專有送專價取皮
皮賣者者送
皮直耳之〻若非理死失者殺陪釋云非理
致死者殺使人故使人得其皮因耳充云非
理死失者殺陪謂雜律受寄財物條疏云

図 1　田中本『令集解』（国立歴史民俗博物館 所蔵）

家でも読むのが難しく、現代語訳にするのが非常に困難ですので、おおよその意味をとっておきます（『令集解』の引用は、『新訂増補国史大系　令集解』吉川弘文館、１９５５年）。

【史料６】『廐牧令集解』因公事条古記
古記云、「（中略）此令文、称皮不言宍。（以下略）」

古記が次のように述べた。「（中略）大宝令では、「皮」とだけ記していて、「宍」とは記されていない。（以下略）」

細かな議論は省きますが、養老令では「皮宍」という語句があるのですが、大宝令では「皮」とだけしか記していないようなのです。つまり、養老令で「宍」を足したと考えられます。ではなぜ、「宍」を足したのでしょうか。いろいろと推測はできるのですが、ここで、もう一度、日本の律令の形成過程を思い出してください。日本の律令は、中国の律令を参考につくられた、と先に述べました。その際混乱を避けるため、大宝令のことをあえて言及しませんでしたが、大宝令も当然、唐令を参考に作られています。よって、史料５のもととなった唐令条文があるかどうか、『唐令拾遺』『唐令拾遺補』で調べてみることとしましょう。

残念ながら、『唐令拾遺』『唐令拾遺補』には、該当する廐牧令の条文が復旧されていません。

そのため、該当する条文がどのようなものかを知ることは、不可能なのです。と、言いたいところですが、幸いなことに、唐令そのものではありませんが、それに近いものを知ることができます。

一般的に中国では、律は記録として残され、令は残されない傾向にあります。例えば本章で幾度も取り上げている唐時代についても、唐律の大部分は残存しており『唐律疏議』という書物を見ればその内容を把握できますが、唐令はまとまったかたちで残存しておらず、逸文を集めることで『唐令拾遺』などがつくられた、ということは先に述べました。ともあれ、中国の令は、律と比べて散逸してしまう傾向にあるので、令が散逸せずにまとまった書物になって残存していると考える人は、ほとんどいませんでした。

そのなかで、1999年、世紀の大発見があります。中国寧波の天一閣という図書館で、宋代にはじめて作られた令である天聖令が、ひっそりと眠っていました。これが発見されたのです。唐代の律令は、表2にもあるように、開元二十五年令まで断続的に作られますが、その後は社会混乱もあって、基本的に律令は編纂されなくなります。律令の編纂・発布は、唐が滅亡してしばらくしてから、北宋の時代まで待たねばなりません。唐開元二十五年令を参考・改定した北宋天聖令がそれです。

さて、天聖令の説明が長くなりました。では、日本の厩牧令27因公事条と対応する条文が天聖令のなかにあるかと言えば、あるのです。以下、それを引用してみましょう（天聖令の引用は、

『天一閣蔵明鈔本天聖令校証』中華書局、２００６年。ちなみに、天聖令は全部発見されたわけではなく、例えばさきほど検討した神祇令に対応する祠令は、残念ながら発見されていません）。

【史料7】天聖厩牧令13因公事条

諸因公使乗官、私馬以理致死、証見分明者、並免理納。其皮肉、所在官司出売。価納本司。

（以下略）

細かな字句が変化していますが、大まかには日本の令と同文であるように見えます。しかし、細かな字句の変化、というのが大切です。養老令では存在し、大宝令ではなかった「宍」の部分の有無を確認してみると、文字は「肉」となっていますが、存在することが知られます。天聖令にある字句が、開元二十五年令、さらには永徽令に存在したか否かはもちろん検証すべきことなのですが、永徽令に存在せず、天聖令と養老令に存在するとは考えにくいことから、永徽令をはじめ、歴代の唐令には「肉」が存在したと考えておきましょう。

つまり、

唐令（「肉」）→大宝令（存在なし）→養老令（「宍」）

という変化があったと思われます。このような字句の変化は、どのような意味があるのでしょうか。

一般的には、以下のように考えられると思います。大宝令と養老令を比較すると、大宝令は日本の実態にあったかたちで唐令を改変する場合があります。この場合、日本では肉を食しないため、「肉」という文言を削ったと考えてよいでしょう。そのまま、大宝令が養老令に引き継がれることもあるのですが、どういうわけか、養老令で唐令が復活する場合があります。このような場合、おそらく養老令の編纂者が、「それほど日本の実情を反映する必要はなく、中国風で大丈夫だろう」と判断し、唐令の字句を養老令で復活させたと考えられます。別の例をあげましょう。戸令6三歳以下条では、三歳以下の子どもをどう呼ぶかという点について、

唐令（「黄」）→大宝令（「緑」）→養老令（「黄」）

となっています。おそらく当時の日本では幼児を緑と呼んでいたので、「緑」と唐令を改変したのでしょうが、しばらくのちの養老令編纂に際して中国風に変化させても問題ないと判断し、「黄」としたのだと思われます。

ここまでの検討を踏まえれば、奈良時代の肉食も、以下のように考えられるのではないでしょうか。

①日本では基本的に肉食が行われていなかったので、馬牛の肉の売買については、中国の法令から削除し、大宝令を編纂した。

②しかし、日本でもまったく肉食していないわけではなく、売買も皆無ではなかったので、養老令では唐令と同様なものに戻した。

これ以外にも可能性はたくさんあるでしょう。例えば、奈良時代の肉食は皆無で大宝令ではそのような規定としたが、養老令では、いわば見栄をはって中国と同様にした、あるいは、大宝令編纂者が、単純に「肉」あるいは「宍」という語を入れ忘れた、などです。後者の可能性もありますが、我々の世界では誤字脱字を考えるのは最後の手段という暗黙のおきてがありますので、別の想定ができるならば、そのようには考えないようにします。また前者に関しては、以下で述べるように、実際に肉食が行われている可能性を指摘できますので、やはり、私の想定が正しいと考えます。

3――肉食の実態とその理由

3・1――肉食の実態

ここまでは当時の中国のものも含めて、法律を読み込むことで奈良時代の微妙な肉食事情を述べてきました。「机上の空論」という言葉があるように、当時の人たちは法律や、法律で決められた制度、あるいは天皇の命令などをまったく無視していたかもしれないではないか、という主張も可能かもしれません。そこで、より当時の実態に迫ることができる、木簡という資料を用いたいと思います。

現在でも、神社でお願いごとをするとき、木の絵馬に文字を書くことがあると思います。前近代社会では、もちろん紙に文字を書くこともありましたが、様々な場面において木に文字を書くこともありました。それが廃棄されると、腐ってしまうことがほとんどだとは思いますが、場合によっては地中で眠り続け、発掘されて発見されることもあります。そのような考古資料を木簡と呼びます。木簡は、奈良時代の都があった平城宮跡などから出土されることで有名ですが、日本全国で発見されており、奈良文化財研究所では、その木簡を集成したデータベースを公開しています（https://www.nabunken.go.jp/Open/mokkan/mokkan.html）。

そのデータベースを利用して、例えば「宍」という言葉を検索してみると、意外に多く発見できます。「宍」以外でも、「猪」などを検索すると、肉食をうかがわせる木簡が見つかります。一つ例をあげましょう（引用は、『平城宮発掘調査木簡出土概報』27、1993年、21頁）。

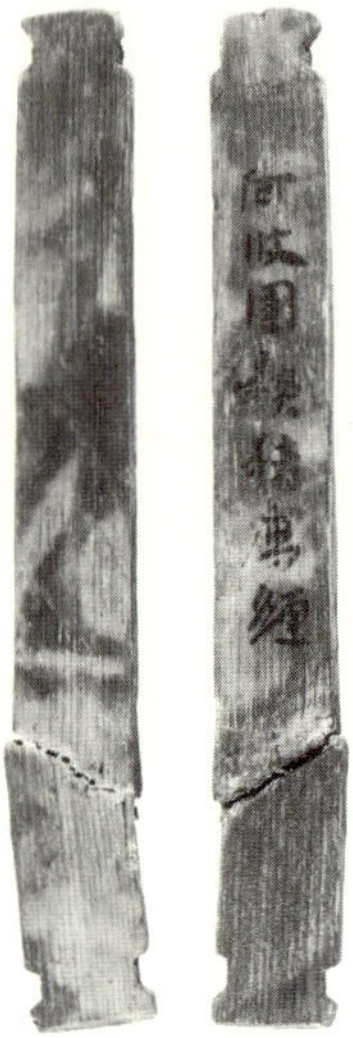

図2　平城京長屋王邸出土木簡（奈良文化財研究所 所蔵）

【史料8】平城京長屋王邸出土木簡（図2）
・阿波国贄猪薦纏

この木簡は、阿波国（現在の徳島県）からの税として運ばれてきた猪に、「荷札」として取り付けられていたものです。これは、阿波国からきた「贄」という種別の税金で、「猪薦纏」であることを、税を受け取る側にもわかるように取り付けたものです。この木簡については、木簡のスペシャリストである馬場基氏の見解も踏まえると、次のように考えられます。「猪薦纏」とは、イノシシにむしろを巻きつけたもので、イノシシそのままを包装して税金として朝廷に貢納したものであろうと思われます。そして「贄」というのは、天皇に献上されるという特殊な税金であるので、イノシシを天皇が食していた可能性は極めて高いことになります。つまり天皇の食膳にも、肉は供せられていたと考えるべきなのです。データベースで木簡を検索してみると、イノシシ以外にも、シカやウサギ、鳥類は食されていたことがうかがえます（馬場基「平城京の肉食事情」『究』53、２０１５年）。おそらく天皇だけでなく、貴族は肉を食べていたと言えるでしょう。

以上から、天皇や貴族も、頻繁にかどうかはわかりませんが、まったくお肉を口にしなかったというわけではないようです。

3・2――何のために肉を食べたか

ここまで、養老令文を２つ検討しましたが、実は養老令にもう１つ、肉食にかかわる条文がありますので、確認してみましょう。僧尼令７禁酒条です。

【史料９】僧尼令７禁酒条

凡僧尼、飲酒、食肉、服五辛者、卅日苦使。若為疾病薬分所須、三綱給其日限。若飲酒酔乱、及与人闘打者、各還俗。

僧尼が、お酒を飲み、肉を食い、五辛（ネギやニラなど）を食べたならば、30日間の苦使とする。もし疾病の薬分として用いるならば、三綱はその可能な日数を指示すること。もし、酒に酔って暴れ、人と殴り合ったら、還俗。

仏教僧の場合に限っていますが、彼らはお酒などとともに、お肉を口にすることを禁じられており、もしその禁を破った場合、苦使という、いわば刑罰に近いものを与えられることとなっています。

この僧尼令に対応する中国の法律は、道僧格という法律です。この法もまとまったかたちで現存していないのですが、中国の古い書籍（『唐六典』など）によって一部復元されています。この条文の全文はわからないのですが、やはり中国の僧も、肉食を禁じられていました。

そもそも僧侶は、さまざまな仏典に肉食が禁じられていましたが、『四分律』などの一部の経典によれば、薬用で食すなら許される場合があったようです（下田正弘『涅槃経の研究』春秋社、1997年）。ひるがえって、僧尼令にもありましたように、僧侶も三綱という上司の許可があれば、薬として肉を口にすることができました。お肉が薬になるか、と言えば、21世紀に生きる我々からすれば疑問だと思いますが、滋養強壮と考えれば、栄養不足の病人にとっては、充分「薬」となりえたでしょう。

とすれば、薬としての肉は、こと僧尼だけに効果があったわけではなく、人間一般に効用があったと考えるのが自然でしょう。現代でも、元気な人であれば毎日薬を飲む必要はないと考えれば、奈良時代に、肉が毎日食されることはなかったのでしょう。先に、奈良時代の人々は肉食をしてないわけではないが、必ずしも常にしているわけではない、という微妙なことを述べましたが、肉＝薬と考えれば、非常に整合性がとれると思います。奈良時代の肉は、いわば滋養強壮剤として、本当に必要なときだけ、食されていた可能性が高いのではないでしょうか。現代日本の感覚で言えば、スッポンに近いのかもしれません。

4――魅力―新たな謎へ

以上本章では、奈良時代の肉食について考えてきました。まとめれば、奈良時代のお肉は、それを食すことに抵抗を感じつつも、おそらく滋養強壮剤として、ごくまれに口にするものであった、となるでしょうか。とすると、実は史料1でみたように、福沢諭吉の述べている明治初年より前と、奈良時代とではそれほど異なっているわけではないようです。すなわち諭吉は、「肉類を喰ふこと稀にして、人身の栄養一方に偏り自から病弱の者多ければ」と述べていることは、おそらく奈良時代に通じるものだと思います。

ただし、奈良時代の考え方が明治初年まで一貫していたかということは、あまりにも時代が離れすぎているので、論断することは避けなければなりません。ただ平安時代になると、奈良時代より肉食をより嫌う傾向にあると私は予想していますが、その検討は、また新たな「謎」として、別の機会に解き明かしたいと思います。

読書案内

原田信男『歴史のなかの米と肉』平凡社、２００５年。和食史研究の第一人者の著書です。本章では、奈良時代に焦点をあててみましたが、「他の時代はどうだったのだろう」と興味を持った方におすすめする本です。原田氏の議論の特徴は、米食文化と肉食文化とを対比している点だと思います。この本のなかで奈良時代についても論じられていますが、本章と検討方法はまったく違っていますし、また、肉食に対する考え方が少し違うところもあります。どのように本章と異なるのか、その点を考えながら読んでみると、面白いかもしれません。

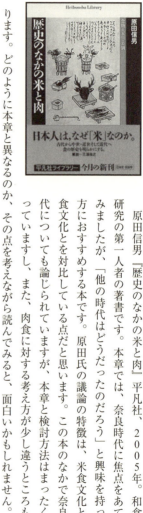

第**7**章

和菓子の包装紙の文字はなぜ読みにくいのか

――日本語学からのアプローチ

久保田　篤

1――謎

1・1――和菓子とその包装紙等について

現在の和菓子と変わらないものが出来上がったのは江戸時代のこととされています。文政３年（１８２４）に江戸（今の東京）の商店２６２２軒を紹介する『江戸《えど》買物《かいもの》独《ひとり》案内《あんない》』というガイドブックが出版されていますが、これには１２０軒の菓子屋が載っていて、食品を扱う店の中で最も多い店数だということです（青木直己『図説　和菓子の歴史』ちくま学芸文庫、２０１７年）。江戸時代後期には、既に食文化において菓子が極めて重要な地位を占めていたことがうかがわれます。明治以降は洋菓子が徐々に生活に浸透し、和菓子は、残念ながらスイーツの中心的存在とは言い難くなりましたが、その重要性は、祭礼等で使用される点をはじめ、おすすめ手土産には和菓子が多いことや、最近人気のコンビニエンスストアのスイーツにも必ず含まれることなどから実感できます。

総務省家計調査報告によると、2016年の1世帯当たりの菓子支出金額（二人以上の世帯）の合計83、472円のうち、和生菓子は11、568円で、せんべい5、825円を加えれば17、393円となり、洋生菓子18、894円に匹敵する金額が支出されています。ビスケット3、720円やキャンディー2、110円などがありますが、他の菓子20、750円の中にも和菓子に分類される菓子が含まれるようなので、年齢層による違いはあるものの和菓子と洋菓子に同じくらいの金額が使われていると見てよいでしょう。様々なスイーツがあるなか、和菓子は日本人にとって相変わらず重要な存在となっていると言えます。

和菓子の魅力は、見た目の美しさにもあることは言うまでもなく、特に上生菓子には芸術品のようなものも少なくありません。書店では、美しい和菓子の写真を各頁に掲載する本を数多く目にすることができます。そのような書籍の中には、菓子だけでなく、包装紙・懸け紙・パッケージ等を紹介するページを設けて、その美しさを伝える本が幾つかありました。特別にそのようなページがなくても、菓子の横に包装紙・パッケージ等を添えた写真が見られる本は多く、和菓子の魅力には、包装紙等の魅力も含まれることが分かります。

包装紙・パッケージ等は、洋菓子にも美しいものが沢山あります。しかし洋菓子と異なる、和菓子パッケージ等の特徴として、しばしば、日本語の文字であるにもかかわらず、何だか読みにくい文字や、全く読めない文字が記されているという点があります。この点に何となく気付いている人もいるでしょう。この章では、この包装紙・パッケージ等に見られる読み難い文字について、どのような文字が使用され、和菓子の魅力とどう関わるかなどの点について考えることにします。

1・2――読み難い文字の例

次頁の包装紙（図1）を見てください。日本の観光地の中で外国人に今最も人気のある伏見稲荷大社の門前には、きつねの顔の形をした煎餅を売る店が何軒かありますが、そのうちの一軒の包装紙です。

真ん中に大きく「いなり煎餅」とあります。稲荷の門前なので、前後の「い」「り」から「いなり」と予想できますが、この「な」だけを見たら、読めない人もいると思われます。この「な」は、街中の鰻屋の看板に「うなぎ」と見られることも多く、これを子供の頃「うなぎ」と読んでいたという人の話を聞いたこともあります。

左側に「せんべい」とある「べい」も、「せん」に続くことから「せんべい」と予想できますが、一体これは何だと感じる人も多いでしょう。これと同様の「べ」「い」は、煎餅の包装紙等にしばしば見られます。東京の浅草の煎餅店「入山せんべい」の袋と缶の文字（図2）を示しておきます。

総本家
いなり煎餅

図 1

江戸風味
入山せんべい
江戸風味
入山せんべい

図 2

いなり煎餅
きつねせんべい
きつねせんべい
総本家
いなりや

図 3

伏見稲荷門前の別の店「総本家いなりや」のパッケージ等（図３）では、菓子名「きつねせんべい」は普通の平仮名ですが、店名「いなりや」や「いなり煎餅」の「な」がやはり「ふ」になっています（この店の別の包装紙には店名の下に「I　NA　RI　YA」というローマ字が付けられているものもあって、読み難さが考慮されているかと思われます）。

以上の「ふ」「ゑ」「ゐ」は、かつては一般的に使われることもあった平仮名です。江戸時代までの平仮名には、一つの〈仮名〉に複数の〔字体〕がありました（この点については第２節でも説明します）。例えば、コという音を表す〈仮名〉には、今と同様の「己」を崩してできた〔こ〕という〔字体〕と、「古」を崩してできた〔さ〕という〔字体〕がありました。しかし、明治33年（１９００）に「小学校令施行規則」が公布され、第十六条に、

小学校ニ於テ教授ニ用フル仮名及其ノ字体ハ第一号表ニ……依リ

とあるのですが、その「第一号表」に示された字体が、現在使われる平仮名字体として定着したのです。この定着した字体でない、例えばこれまで示した「ふ」「ゑ」「ゐ」「さ」などの字体は、「変体仮名」と呼ばれるようになりました。

変体仮名は、現代表記では一般的に使用されなくなった文字ですが、図１や図２には、一般的にも使用される文字であるのに、読み難くなっているものも見られます。図１の「いなり煎餅」

の右に少し小さい漢字で「総本家」とありますが、やや崩された書き方なので読み難いと感じる人がいるでしょう。また、店名「宝玉堂」の「玉」も読めない人がいると思います。図2の「江戸風味」という文字も崩した書き方のために読み難くなっています（図2の袋のほうは「江戸の風味」とありますが、この〔の〕は〈の〉の変体仮名です）。このように、崩さずに書けば全く一般的な文字が、崩して書かれたりしているために読み難くなっていることもよくあります。

1・3――現代生活の中の変体仮名

図4

国立国語研究所の広報紙『国語研の窓』（2007年10月）の「文字さんぽ」のコーナーには、「街を歩いていたら、次のような看板に出会いました」という始まりで、「いったい何を売っているのでしょう」と、次の三つの看板が示されています（図4）。やはり「せんべい」の「べい」が変体仮名です。「しるこ」は「し」と「こ」が変体仮名です。「きそば」（右から読みます）は、大概「生きそ」と「生」が漢字の看板がどの街にも必ずあると言えるほど多く見られますが、「そ」が「楚」を、「ば」が「者」を崩してできた変体仮名です。

このように、現代でも、和菓子店のほか、和食関係の店舗の看板などに変体仮名が見られます。ただ、飲食店の看板の変体仮名は、店名など固有名詞の表記に使用されるものがほとんどです。和菓子パッケージ等の場合も、基本的には固有名詞ですが、右の「せんべい」「しるこ」や、ほかにも第2節で紹介する「おこし」や「だんご」（団子）や「まんぢう」（饅頭）のような、普通名詞にも変体仮名が使用され、和菓子関係における変体仮名使用は、用法が幅広いようです。「文字さんぽ」コーナーの三つの看板のうち二つが和菓子である点も、（偶然この三つだったということでしょうが）和菓子関係に変体仮名が多いことを象徴していると言えます。

右の「文字さんぽ」コーナーには「大学生に冒頭の質問をすると、「せんべい」「しるこ」「きそば」と答える学生は極めて少ないです。一見して理解できない文字を使うのは望ましくないかもしれませんが、何かわからないので、かえってじっと見つめてしまう効果があるのかもしれません」（高田智和「文字さんぽ　異体の仮名」『国語研の窓』第33号）とあります。確かに「かえってじっと見つめてしまう」という効果もあると思われます（それが使用理由かどうかは分かりませんが）。ただ、包装紙・パッケージ等の場合は、すぐ目にできる看板とは異なり、購入して初めて目にするという場合も多くあります。ジャケ買い（パケ買い？）ということもあるので、注目されることは重要ですが、それなら美しい包装紙等にすれば十分かと思われます。読めない文字を使用することの効果はどのようなものなのでしょうか。

「望ましくない」「一見して理解できない」文字を、なぜ使うのか。菓子名や店名は読みやすい字のほうがよいはずです。一般的には廃れた変体仮名や読みにくい書き方の文字が使用されるのはなぜなのかという疑問が生じます。

以下、和菓子の包装紙・パッケージ等にどのような文字が見られるのか概観し、その後に読み難い文字についての考察を行うことにします。

2——和菓子パッケージ等に見られる文字の様相

2・1——「くろ玉」と「キャラ玉」：使用される文字の種類

山梨県の土産として人気のある「くろ玉」の紙箱（図5）は、文字を散りばめたデザインですが、多くは漢字で、菓子名の「くろ」など平仮名もあります。

前節に示した図1・2・3の包装紙等も同様で、文字のほとんどは漢字と平仮名です。この2種類の文字のほかに、図1の包装紙には、電話番号の局番の部分のみに、横書きのアラビア数字があります。

漢字・平仮名・片仮名・ローマ字・アラビア数字のような、一つのまとまりを成す文字の種類を、《文字体系》と呼びます（《文字種》と呼ばれることもあります）。和菓子パッケージ等に使用される文字体系は、中心となる《漢字》《平仮名》と、住所・電話等に時に混じる《アラビア数字》ということになります。「和」菓子ですから、漢字と平仮名が中心になるのは当然予想できるこ

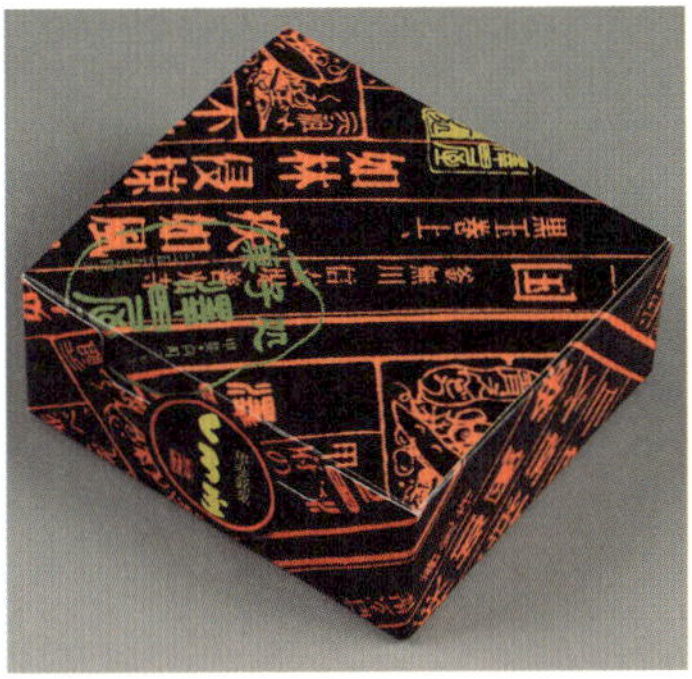

図 5

Kai Province
Kai Brand Confections
Kamanashi River
Shingen-Tsutsumi
Zenkoji Temple
CARADAMA

図 6

京名物
KYOTO JAPAN
名誉総裁賞
賜御嘉納
井筒
八ツ橋
商標登録
CINNAMON COOKIES
IZUTSU
YATSUHASHI
HONPO CO.,LTD.
SINCE 1805

図 7

伊勢名物
ほまれの
赤福
伊勢 赤福 名物

図 8

とではあります。

しかし他の《文字体系》の使用が無いというわけではありません。「くろ玉」は、うぐいす餡を黒糖羊羹で包んだ菓子ですが、この販売店「澤田屋」は、「コーヒーともよく合う新感覚の和菓子」として、さつまいも餡をキャラメル羊羹で包んだ「キャラ玉」も2014年から販売しています。

この「キャラ玉」の紙箱（図6）を見ると、「くろ玉」と同じく《漢字》《平仮名》がありますが、《ローマ字》が比較的多くデザインされています。また菓子名のうちの「キャラ」や、「サツマイモ」というところに、《片仮名》が見られます。ローマ字の使用は、キャラメル味という洋風の要素のある和菓子という点によると考えられます。

《ローマ字》は、右のような洋風的特徴がある菓子以外にも使用されることがあります。次は京都の名物として有名な「八ツ橋」の店のうち、「井筒八ッ橋本舗」の「八ッ橋」（昔ながらの焼き菓子の本来の八ッ橋）の紙箱と包装紙です（図7）。漢字のほかに、「CINNAMON COOKIES」「SINCE」という英語や、店名「IZUTSU YATSUHASHI HONPO」などがローマ字の表記になっています。外国人が多く訪れる京都の菓子であるからという使用理由の推測ができます。ただし、ローマ字の使用が京都の和菓子に限られるということではありません。

以上のように、和菓子の包装紙・パッケージ等に使用される《文字体系》は、《漢字》と《平仮名》が中心で、このほか、《アラビア数字》、《ローマ字》、また《片仮名》も時にあるということになります。漢字・平仮名以外の文字体系については、読み難い文字がなかったことから、これ以上の検討は措きますが、一般的な文章表記の用法と変わらないこと、ローマ字は菓子の性質と結びつく場合に使用されることが多いと言えそうです。

2・2──「赤福」の読み難い俳句：漢字の様々な書体の混在

同じ《文字体系》に属する全ての文字に共通した字の形の書かれ方の様式を、「書体」と呼びます。《漢字》の「書体」の主要なものとして、現代の標準的な書き方で崩さずに書く「楷書」、これを少し崩して書く「行書」、かなり崩して早く書けるようにした「草書」などがあります。

常に人気上位の和菓子「赤福」（三重県伊勢市）の包装紙を見てみましょう（図８）。使用される文字体系は、《漢字》が最も多く、次いで《平仮名》となっています（このほか、ここは包装紙を開いて示したので包んだ際には裏側（下側）になるところに、わずかに、郵便番号表記の小さなアラビア数字があります）。以下ここでは、漢字について見ていきます。

住所等の箇所の「創業宝永四年（西暦一七〇七年）」「受付時間　八時…」等や住所「三重県伊勢市…」などの漢字、表側の「直射日光…」「片寄」や側面の「生」「早」などの注意書きの漢字は、「楷書」になっています。

一方、その他の箇所の漢字は、崩した書かれ方になっています。表側の「伊勢名物」という漢字は「行書」、裏側の２句の俳句は「草書」と見られます。三つある「赤福」の文字も「草書」

と言ってよいでしょう。この菓子名は有名なので読めますが、「草書」のほうが「行書」よりも崩し方の程度が大きいため、裏側にある、正岡子規と高浜虚子のものとされている俳句の漢字を、全て読める人は少ないと思います。

到来の赤福もちや伊勢の春　子規
旅は春赤福餅の店に立つ　虚子

第1節に示した図1「いなり煎餅」の店名「宝玉堂」の「玉」や、図2「入山せんべい」の「浅草」なども、「草書」であるため、現代人にとっては読み難いものになっています。

《漢字》の書体には、以上のほかに現代でも時に見られるものとして、「朝日新聞」など新聞の題字に使用されている「隷書」や、実印などに用いられる「篆書」などがあります。

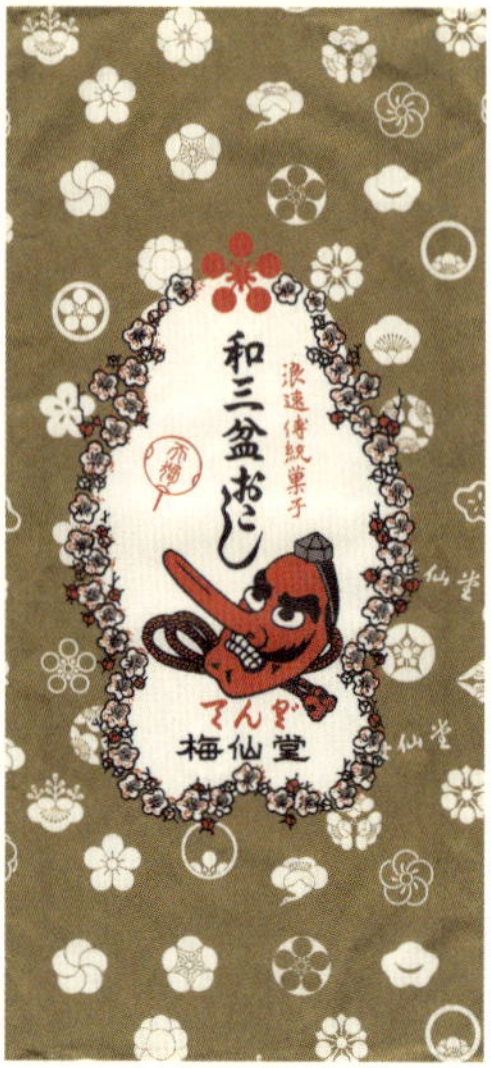

図9

この「隷書」や「篆書」の使用例も示しておきます。大阪市「梅仙堂」の「和三盆おこし」の包装紙（図9）では、店名「梅仙堂」が「隷書」、うちわの中の

「天狗」が「篆書」です。図7「八ッ橋」の「京名物」も「篆書」と見られます。
「楷書」「行書」「草書」は「隷書」から生じた書体なので、「隷書」は、独特の装飾はありますが、比較的読みやすいと言えます。しかし「篆書」は、中国の漢字の歴史において、「隷書」の前の段階のもので、「篆書」を簡単にして「隷書」ができたため、かなり複雑な形が多く、読み難い字になっています。

なお、印刷の場合、「明朝体」「ゴシック体」などの書体もあります。これらは漢字にも平仮名・片仮名にもある書体です。図8「赤福」では、表側の「直射日光……保存してください」と裏側の「株式　会社」の部分は「明朝体」、表側の「片寄りやすい……お持ち下さい」、側面の「生ものですから……」、裏側の住所等は「ゴシック体」となっています。

2・3――「志ま羅ん」って、読めない？：変体仮名の使用例

《文字体系》には、属する個々の〈文字〉（または〈字〉とも。また〈字種〉ということも）があります。この一つの〈文字〉には、複数種の〔字体〕があります（1種類だけの場合もあります）。〈文字〉には、ある一定の音または音＋意味を表す機能があり、この一定のものが同じ場合は、〔字体〕が異なっても同じ〈文字〉となります。よく示される例を挙げると、《漢字》という《文字体系》に属する、〈峰〉という〈漢字〉には、〔峰〕・〔峯〕などの〔字体〕があるということになります。同じ「みね」という訓読みの漢字でも、「嶺」や「岑」は、音読みが異なること

から分かるとおり、別の〈文字〉です。

〈辺〉に〔辺〕・〔邊〕・〔邉〕など、〈島〉に〔島〕・〔嶋〕・〔嶌〕などの〔字体〕があることは、苗字や地名などからよく知られていることでしょう。これらそれぞれを異体字といいます（標準の字体と異なるもの、例えば〔嶋〕・〔嶌〕のみを、異体字とすることもあります）。

いわゆる旧字体と新字体の違い（例えば「學」と「学」、「醫」と「医」、「廣」と「広」など）も、同じ〈文字〉の〔字体〕の違いです。〈漢字〉は音と意味の両方を表す機能を有していますが、旧字体と新字体とで表す音と意味に違いが全くないからです。なお、新字体は、「当用漢字字体表」（1949年内閣告示）に示されたもので、一部変更等を経て現在でも標準となっている字体です。字体表制定以前に使用されていた旧字体を、慣用的に書かれていた俗字の採用などにより簡略化したものです。旧字体は、中国の清の時代の『康熙字典《こうきじてん》』（1716年完成）で正字とされた字体に概ね一致するものです。

以上の例は漢字ですが、第1節に記したように、かつては平仮名にも複数の字体がありました。仮名は、音を表す機能のみを有するので、例えばアという音を表す、現行の字体〔あ〕と変体仮名〔𛀂〕は、同じ〈文字〉の異なる〔字体〕となります。

既に述べたとおり、1900年「小学校令施行規則」以降、いわゆる変体仮名は徐々に廃れ、現在では、一つの〈仮名〉に1種類の〔字体〕だけとなっています。しかし和菓子関係には、その1種類の字体以外の〔字体〕すなわち変体仮名が、散見するということです。第1節に示した

図10

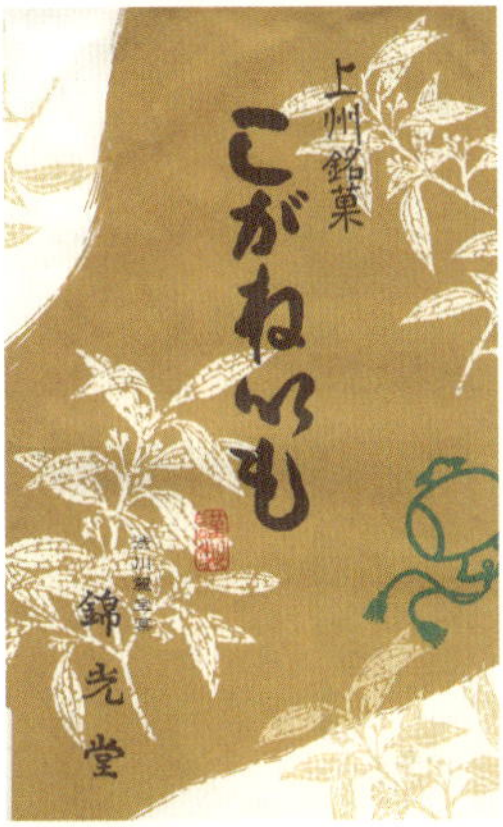

図12

図11

もののほかにも、変体仮名の使用例を見ていきましょう。

まず、第1節でも見た〔な〕〔へ〕〔い〕の例をもう少し挙げておきます。秋田市「栄太楼」の「さなづら」(図10)の〈な〉に字体〔な〕が見られます。〔へ〕〔い〕は、金沢市「諸江屋」のせんべい類の〈へ〉の〔へ〕と、群馬県渋川市「錦光堂」の「こがねいも」の〈い〉および東京吉祥寺の店名「いせ桜」の〈い〉の〔い〕の例を、さらに挙げておきます(図11)。

平仮名は、万葉仮名を極端に崩してつくられました。万葉仮名は漢字の表す意味を捨てて読みだけを借り用いたものなので、平仮名には、もとになった万葉仮名すなわち漢字(「字源」といいます)があることになります。〈へ〉の、今の〔へ〕は字源「部」の旁《つくり》の部分が変化したものですが、〔へ〕の字源は「遍」で、このように字源が異なります。しかし〈な〉と〈い〉の場合は、今の〔な〕と〔い〕も、変体仮名〔な〕と〔い〕も、ともに字源は同じ「奈」と「以」です。字源は同じでも崩し方などの違いによって異なる〔字体〕が成立している場合もあるのです。

図9の「梅仙堂」の「おこし」の包装紙には、天狗の絵の下に赤い字で「てんぐ」とあります。〔て〕は、今の〔て〕と同じく字源が「天」ですが少し崩し方の違う字体です。〔ぐ〕は、現行字体とは異なる字源「具」の字体です(現行〔く〕の字源は「久」)。

京都市「笹屋伊織」が毎月20~22日の3日間のみ販売する「どら焼」は、筒状の菓子ですが、

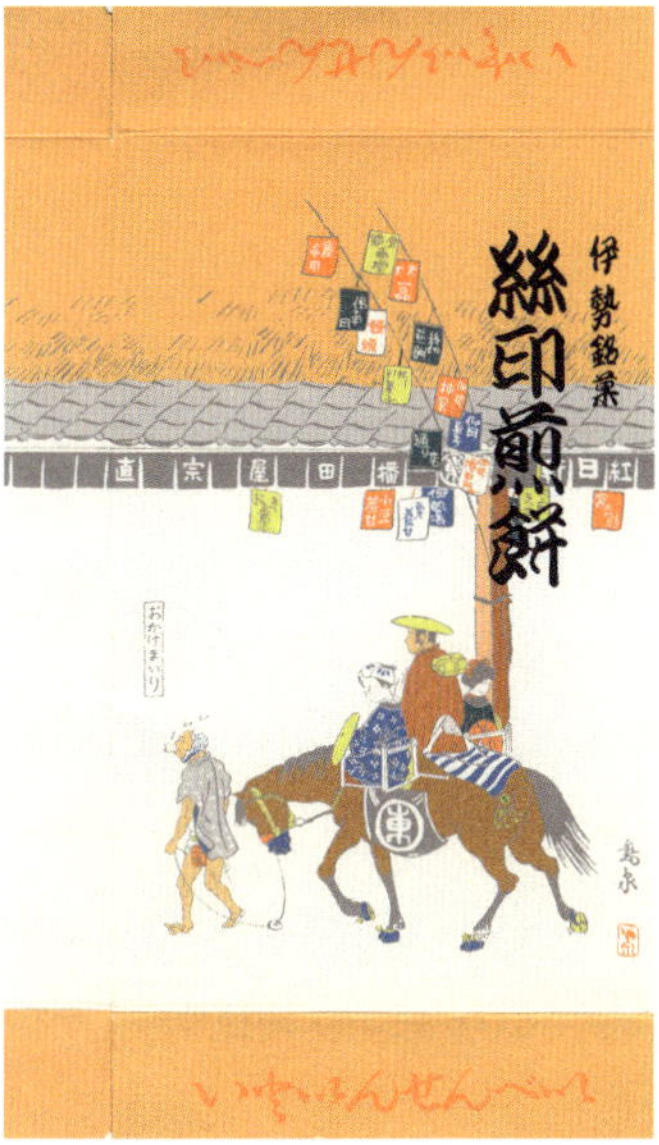

図13

図14

図15

図16

これに巻かれている紙（図12）には、菓子名「どら焼」の〈ど〉に変体仮名〔ど〕が見られます。〔ど〕の字源は「登」です（現行〔と〕の字源は「止」）。

この〔ど〕は、三重県伊勢市「播田屋」の「絲印煎餅（いといんせんべい）」の紙箱の上下の側面にも、「いと」の〈と〉として見られます（図13）。

京都市「末富」の「うすべに」（図14）には、〈す〉の変体仮名で、「春」を字源とする〔す〕が見られます（現行〔す〕の字源は「寸」）。

東京の向島の「長命寺さくら餅」（図15）には、「佐」が字源の変体仮名〔さ〕（現行〔さ〕の字源は「左」）が見られます（この〈く〉と〈ら〉を変体仮名と見ることもできます）。

同じく東京向島の「言問団子」の紙箱（図16）には、「こととひ」の部分に、〈こ〉に字源が「古」の〔こ〕（現行〔こ〕の字源は「己」）と、〈ひ〉の変体仮名で字源が「飛」の〔ひ〕が使用されています（現行〔ひ〕の字源は「比」）。「と」の下の「ゝ」は繰り返し符号で、「踊り字」とも呼びます。菓子名ではない、場所の「すみだ公園」には〔ミ〕（字源「三」。現行〔み〕の字源は「美」）もありました。

〔こ〕は、東京神田「竹むら」の「揚げまんじゅう」の紙箱（図17）にも見られます。小さく「おしるこ」の文字がありますが、〈こ〉の字体が、図4や図16と同じ〔こ〕になっています（〈し〉は図4とは異なりますが）。

浅草寺門前「常盤堂」の「雷おこし」（図18）の〈こ〉にも、この〔こ〕が使用されています。

揚まんぢゅう
須田町
竹むら

図17

元祖
雷おこし
常盤堂雷おこし本舗

図18

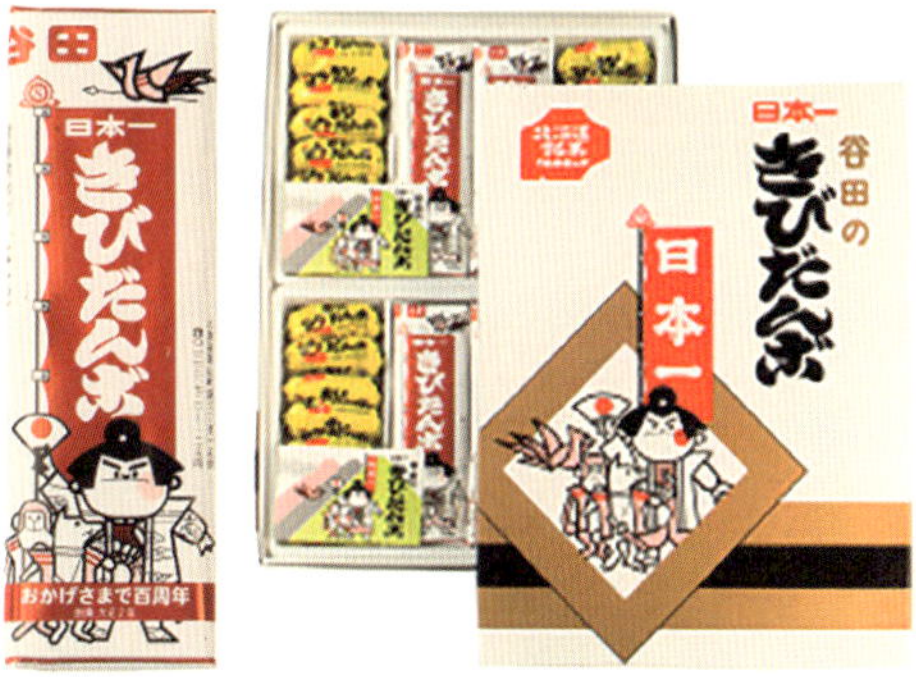
谷田
日本一
きびだんご
おかげさまで百周年
谷田の
きびだんご
日本一

図19

また北海道栗山町「谷田製菓」の「きびだんご」にも〈た〉が見られます（図19）。

団子の場合は、〈た〉だけでなく、「だんご」の〈た〉にも、変体仮名の〈た〉（字源は「多」。現行「た」の字源は「太」）が見られることがあります。北海道大沼町「沼の家」の「大沼だんご」（図20）と、岩手県一関市の厳美渓の名物で空飛ぶ団子として有名な「郭公屋」の「郭公だんご」（図21）を例として挙げておきます。ほかにも、「草だんご」などの例は多く見られます。

東京駒込「中里」の「ぶどう餅」（図22）の〈ふ〉には、「婦」を字源とする字体〈ふ〉が使用されています（現行〈ふ〉の字源は「不」）。

愛知県津島市の津島神社の門前には銘菓「あかだ」「くつわ」を売る菓子店が数軒ありますが、そのうちの「角政」の「あかだ」（図23）には、〈あ〉に「阿」を字源とする〈あ〉が、また〈か〉に「可」を字源とする〈か〉が見られます（現行〈あ〉の字源は「安」、〈か〉の字源は「加」。「くつわ」の〈く〉の字体については第3節で触れます）。

栃木県日光市「ひしや」の幻の羊羹とも言われる「日光ねりようかん」（図24）の〈ね〉には、〈ね〉（字源は今の〈ね〉と同じ「祢」だが崩し方の程度が異なる字体）が見られます。

徳島県吉野川市「長久堂」の「川田まんぢう」（図25）の〈ま〉には、「満」を字源とする〈ま〉があります。（現行〈ま〉の字源は「末」。）なお、字体とは別の、「仮名遣い」の問題ですが、饅頭を「まんぢう」と書く例が時々見られます。江戸時代には「まんぢう」という仮名遣いで書かれていました。江戸の書物の挿絵に書かれた饅頭屋の看板も「まんぢう」となっています（林

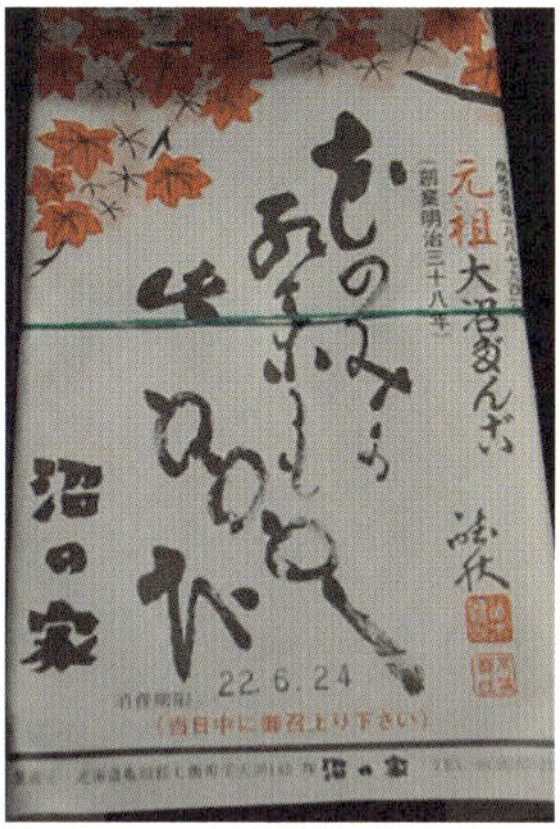

図20

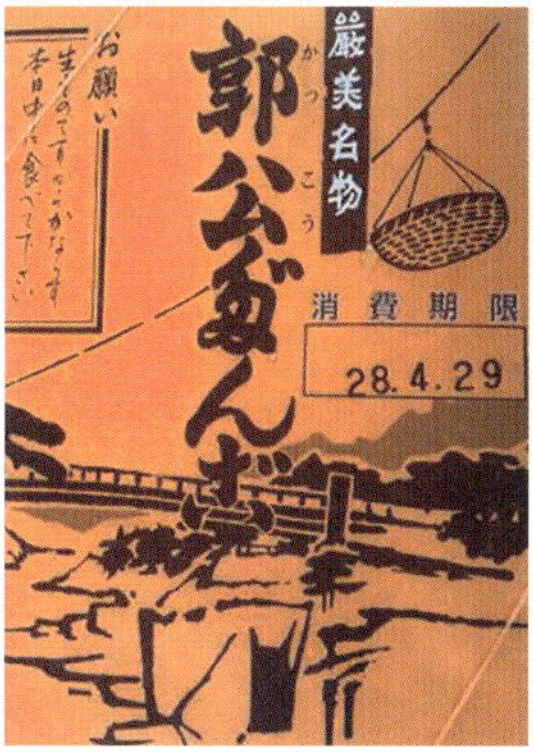

図21

図22

図23

図24

図25

図27

図26

図28

美一『江戸看板図譜』三樹書房、１９７７年、２８４頁)。

〔ま〕は、京都祇園の「するがや祇園下里」「宮田圓月堂」(図26)の「すはま」にも見られます。さらに「するがや祇園下里」のほうには、〈す〉に〔す〕(字源は「寿」)、〈は〉に〔ば〕(「生そば」の〔ば〕と同じもので、字源は「者」)も見られます(現行〈は〉の字源は「波」)。

右の〔す〕は、秋田県大館市の「明けがらす」の〈す〉にも見られます(図27)。また、岐阜市「奈良屋本店」の「雪だるま」にも、〔ま〕が使用されています(図28)。〔ま〕は東京向島の「志まん草餅」にも見られることは有名です。

以上に紹介した変体仮名使用例を見ると、ほとんどは、菓子名や店名のうちの、1文字だけに変体仮名が使用されていることが分かります。固有名詞部分で2字以上のものは、以上の中では「こと、ひ団子」と「はなだ」のみです。読めない文字が1字あっても、前後の文字から読めることは多く、変体仮名使用に配慮がうかがわれます。「せんべい」「ぜんざい」「すそは」や梅仙堂の「てんぐ」など2字以上の使用が見られることもありますが、菓子の種類名などの普通名詞であることがほとんどです。

右のような傾向が見出せますが、菓子名に3字以上に変体仮名を使用したものもあるので、例を挙げておきます。

山口県下松市「ほうえい堂」の「かすてらせんべい」(図29)は、「誕生当初は「かすていらせんべい」と呼ばれていたそうです」とのことで、「かすていら」と書かれる全てが変体仮名、ま

図29

図31

図30

た「せんべい」のほうは例によって「へい」が変体仮名となっています。〔か〕は現行と字源は同じ「加」だが崩し方が違う字体、〔せ〕は図14と同じ、〔て〕は図9と同じ、〔い〕は「せんべい」と同じ、〔ら〕は「羅」が字源の字体（現行「ら」の字源は「良」）になっています。ただしこの菓子名の場合、「かすてぃら」も「せんべい」も菓子種類名ではありません。

岐阜県笠松町に「笠松しこらん」という銘菓があります。豊臣秀吉が「形は兜の錣《しころ》に似て、香りは蘭《らん》の如し」と言ったことから名付けたとされる伝統ある菓子ですが、16代にわたり作り続けてきた和菓子屋「太田半右衛門」が後継者不在で2010年に廃業したため、笠松菓子組合が継承し製造販売しているとのことです。その紙箱や個包装パッケージ（図30）を見ると、菓子名が、〔ん〕以外は〔し〕も〔こ〕も〔ら〕も変体仮名であることが分かります。種類名でない固有名詞に3字あるというのは異色です。菓子名を知らないと、変体仮名の知識のある人でなければ読めず、これでよいのだろうかと思ってしまいますが、命名が秀吉によるという伝承や、450年近く作り続けられてきた伝統を思うと、かえって趣を感じさせる文字になっているとも言えます。

以上は、菓子名や店名に使用された変体仮名ですが、このほかに、もっと長い文字連続の中に見られる変体仮名使用例も挙げておきます。京都の上賀茂神社門前「葵家やきもち総本舗」の「やきもち」の包装紙（図31）には、牛車の絵の上に「孫は孫で　やきもちを手に　葵まつり」という句が書かれていますが、ここに変体仮名が幾つも見られます。〈は〉の〔そ〕、〈て〉の

〔て〕（字源は「亭」）、〈も〉の〔も〕（今の〔も〕と同じ字源「毛」だが崩し方の異なる字体）、〈ち〉の〔ち〕（今の〔ち〕と同じ字源「知」だが崩し方の異なる字体）、〈に〉の〔に〕（字源は「耳」）、〈を〉の〔を〕（字源は「越」）、〈り〉の〔り〕（字源は「里」）などです。

この例のような、昔の文章を引用したり和歌を配置したりするデザインに変体仮名が使用される包装紙等は結構ありますが、菓子名や店名とは異なり、一般には読まれることが期待されていないと考えられるので、これ以上の紹介は省きます。

3——文字の特徴を探る

3・1——漢字の各書体の使われ方

第2節に示した図8「赤福」包装紙には、漢字の三つの書体「楷書」「行書」「草書」が混在していました。例えば同じ「伊勢」という漢字の三書体を、住所・「伊勢名物」・俳句それぞれに見ることができます。この三つの書体の使われ方に特徴があるかどうか、検討してみることにします（なお、ここでは印刷書体の「明朝体」か「ゴシック体」かという点は検討の対象外とします。包装紙等においては、図8の「直射日光……」と「片寄りやすい……」を見ても分かるように、その違いが明確でない場合が多いので）。

まず、「楷書」ですが、既に第2節においてある程度示したとおり、使用箇所は、表側の「直射日光・高温多湿を避け保存してください」、側面の「生ものですから早めにお召し上がり下さい」（およびその下の「名称」「原材料」「製造者」など表示が義務付けられている部分）、裏側（下側）の「創業宝永四年」「株式会社」や住所や「お客様相談室」とその電話番号・受付時間などの部分です。これらは、読みやすくする必要のある部分、読めなければならない部分であると言えます。

「行書」は、「伊勢名物」という文字に使用されています。和の雰囲気や古風さを出すため、少し崩すが容易に読める「行書」にしたという感じでしょうか。

「草書」は、三つある菓子名「赤福」と俳句の部分に使用されています。読めることよりも、和の雰囲気や古風さを優先させて「草書」にしていると見られます。

もう一つ、東京浅草の浅草寺の門前にある「木村家本店」の「人形焼」の紙袋（図32）も見てみましょう。

「楷書」は、まず「創業明治元年　元祖人形焼」に使用されていて、この創業年表示の部分への使用は「赤福」と共通しています。「金龍山　浅草寺御用」というところにも使用されています。これらは、読みやすい文字ではっきり示したい内容だということでしょう。またやはり「保存方法・常温（直射日光、高温多湿はお避け下さい）」という「赤福」と似た文の注意書きにも使用されています。

「行書」は、提灯の中にある「仲見世」という文字と、店名「木村家本店」の部分に使用されています。

図32

図33

図34

図35

「草書」は、菓子名の前の「浅草名物」と、店名の前の「浅草仲見世宝蔵門前」という文字に使用されています。菓子名「人形焼」も「草書」と見られます。

このように、「赤福」と、「木村家本店」の「人形焼」とで、かなり共通の特徴が見られることが分かります。どんな人にも明確に理解してもらう必要のある注意書きの部分や、はっきり示したい創業年等の部分には、現代表記として一般的な「楷書」を用いる。一方、「行書」「草書」は、菓子名や、大きめな地名の関わる記述の部分に用いるという点が共通しています。

静岡市清水区の「追分羊かん」（図33）のパッケージも同様です。注意書きや創業年が「楷書」です。「名物」が「行書」で、菓子名「追分羊（かん）」は「草書」と見られます。

福岡市「石村萬盛堂」の「鶴乃子」（図34）の場合、基本的には「隷書」になっていて、印鑑風の「謹製」のみ「篆書」になっています。包装紙の裏側（下側）にある「ご注意」の文章や住所は「楷書」で、やはり以上の菓子と共通の特徴が見られます。

もう一つ、京都の「二條若狭屋」は「家喜芋（やきいも）」や「不老泉」で有名な店です。包装紙を「ふく栗」「やき栗」の紙が付された詰合せのもので見ると（図35）、店名の下に小さく記された「京都二条城の東小川角　電」という文字は「楷書」です。菓子名の「栗」は「行書」でしょうか。手書き風でもあります。「趣味の菓匠」と店名「二條若狭屋」は「隷書」と見られます。赤い字の「京名菓」「精製」は「篆書」で、赤く囲まれているので印鑑風になっています。

これらの書かれ方も以上のものと全く同じ傾向であることが分かります。

書体が1種類のパッケージ等もありますが、複数の種類の書体が使用される場合が多く見られます。例を挙げるのはこの程度にしますが、以上の各書体の使われ方の特徴は共通しています。

漢字の書体については、各書体が、いかにも似合わしい、ふさわしい部分に使用されているということができます。複数の書体を、似合わしい部分に配置させつつ、混在させることによって、雰囲気が醸し出されていると言えるでしょう。

3・2――江戸語の平仮名用法と包装紙・パッケージ等の変体仮名

今回見つかった和菓子パッケージ等の菓子名・店名の変体仮名（一応どの〈仮名〉か、現行の字体を括弧内に示します）は、

〔阿〕（あ）、〔以〕（い）、〔可〕（か）、〔具〕（く）、〔古〕（こ）、〔佐〕（さ）、〔志〕（し）、〔寿〕（す）、〔春〕（す）、〔多〕（た）、〔天〕（て）、〔登〕（と）、〔奈〕（な）、〔者〕（は）、〔飛〕（ひ）、〔婦〕（ふ）、〔遍〕（へ）、〔満〕（ま）、〔羅〕（ら）

などでした。菓子名・店名以外には〔能〕（の）、〔ミ〕（み）もありました。

江戸時代には、このような変体仮名が、一般的な書物の文章においても使用されていました。

しかし、右の和菓子パッケージ等に見られた変体仮名のすべてが、頻繁に使われる字体だったたか

というと、必ずしもそうではなさそうです。

江戸後期の文化年間に出版された滑稽本の式亭三馬『浮世風呂』は、江戸語を研究する資料として最も利用される文献です。この前編（文化6年〈1809〉）巻之上の主要部分の平仮名の字体について、以前調べたことがあります（久保田篤「『浮世風呂』の平仮名の用字法」『成蹊国文』30号、1997年）。この作品が当時の書物を代表するものであるということではありませんが、文字の用法は他の文献と共通することも多く、当時の傾向を知る、ある程度の目安にはなると考えられるので、比較の材料として用いることにします。

この作品の平仮名の字体の使われ方を見ると、頻繁に使用される常用字体と、注意を喚起するための字かと見られる使用頻度の少ない特別字体があるという点が、特徴の一つとして指摘できます。例えばタ・テ・ナ・ハ・ヒ・ヘ・ホ・マ・ミの平仮名の場合、

常用字体	〔た〕〔[illegible]〕	〔て〕	〔な〕	〔ハ〕〔[illegible]〕	〔ひ〕	〔へ〕	〔[illegible]〕	〔ま〕〔[illegible]〕	〔ミ〕
特別字体	〔[illegible]〕	〔[illegible]〕	〔[illegible]〕	〔は〕	〔[illegible]〕	〔[illegible]〕	〔ほ〕	〔[illegible]〕	〔み〕

となります（〔　〕内に、平仮名で示したものは現行字体と形が同じまたは似ている字体。片仮名で示したものは今の片仮名の字形に近い形の平仮名字体。以下も同じ）。

この特別字体のうち、今は変体仮名となる〔[illegible]〕・〔[illegible]〕・〔[illegible]〕・〔[illegible]〕・〔[illegible]〕・〔[illegible]〕は全て現代

の和菓子パッケージ等に見られました。

一方、常用字体のほうには、今と同様の形の字体も多く見られますが、こちらのほうの変体仮名〔多〕・〔ハ〕・〔不〕・〔母〕などは、第2節で紹介した和菓子パッケージ等には見られませんでした。場所「すみ田公園」の表記に〔ミ〕はありましたが（もちろん、日本中の全ての和菓子を見たわけではないので、探せば見られる可能性はあります）。

また、右のほかに、二つ（または三つ）の字体に何らかの使い分けがある、または特にないが、どちらも常用として使われるという場合が多く見られます。〔か〕と〔宇〕、〔き〕と〔起〕、〔く〕と〔く〕、〔け〕と〔介〕、〔志〕と〔し〕、〔た〕と〔多〕、〔つ〕〔徒〕と〔川〕、〔に〕と〔尓〕、〔や〕と〔ヤ〕、〔ゆ〕と〔由〕など（〔く〕は今の「く」を押しつぶして鋭角にしたような形）や、特に使い分けの傾向のない〔せ〕と〔セ〕、〔ね〕と〔祢〕、〔り〕と〔里〕、〔れ〕と〔連〕、〔王〕と〔ワ〕、〔を〕と〔越〕などです。さらに、1種類の字体のみの仮名も結構あり、多くは現行字体とほぼ同じもの（〔あ〕・〔い〕・〔う〕・〔え〕・〔お〕・〔こ〕・〔そ〕・〔ち〕・〔ぬ〕・〔の〕・〔ふ〕・〔よ〕・〔ろ〕・〔ゐ〕・〔ゑ〕・〔ん〕など）ですが、変体仮名として〔世〕があります。以上は、全て常用の字体と見ることができます。

これら常用字体のうち、変体仮名は〔宇〕・〔起〕・〔く〕・〔介〕・〔志〕・〔世〕・〔セ〕・〔多〕・〔徒〕・〔川〕・〔尓〕・〔祢〕・〔ハ〕・〔者〕・〔不〕・〔母〕・〔由〕・〔里〕・〔連〕・〔王〕・〔ワ〕・〔越〕となりますが、今回紹介したパッケージ等にあったのは、〔志〕・〔世〕・〔徒〕・〔祢〕・〔者〕でした。

これらを見ると、『浮世風呂』において注意を喚起する等に使用された特別字体のうちで変体仮名に当たる字体のほうが、常用字体のうちで変体仮名に当たる字体よりも、現代の和菓子パッケージ等にも使用される割合が高いと分かります。また、常用字体のうち変体仮名に当たる字体でパッケージ等に例が見られた字体を見ると、〔天〕以外の〔志〕・〔毛〕・〔者〕・〔祢〕などは、字形が比較的複雑なので目立つ印象があります。

第2節で紹介したパッケージ等に見られた変体仮名には、『浮世風呂』前編巻之上にはない〔以〕・〔久〕・〔古〕・〔佐〕・〔寿〕・〔登〕・〔能〕・〔婦〕・〔羅〕などもありました。これらの字体には、見てすぐ分かるように、現行〔い〕・〔く〕・〔こ〕・〔さ〕・〔す〕・〔と〕・〔の〕・〔ふ〕・〔ら〕に比べると形が複雑であるという共通点が見出せます。右に見た〔志〕・〔毛〕・〔者〕・〔祢〕なども、この点は同じです。形が現行字体よりも複雑だという点は、『浮世風呂』の特別字体〔多〕・〔天〕・〔奈〕・〔起〕・〔盈〕・〔海〕も同様です。

形が複雑な字体には、江戸語においても、本文ではなく序文（序文は見た目を飾ることが多かった）にのみ見られる等、特別な用途で使用されるものが多くありました。このような点から、現代のパッケージ等に使用される変体仮名は、江戸語においても特別な目立つ字体であったものが多いと言えそうです。

もちろん、〔志〕・〔毛〕・〔者〕・〔祢〕や、『浮世風呂』以外の作品では頻繁に使用されることもある〔天〕・〔能〕などの字体も、今回見つかったので、基本的には、現代のパッケージ等の変体仮名使用は、昔風に古風にしたいというのが理由ではあるでしょう。

（なお、現行字体より形が複雑という点には、今回見つからなかった〔起〕・〔川〕・〔里〕・〔連〕・〔我〕（「葵家のやきもち」の俳句にはあったものもありますが）なども当てはまるので、さらに探せば使用例が見つかる可能性はあります。）

3・3――雰囲気づくりのための文字

和菓子パッケージ等には、読み難い文字ではない、簡単に読める文字であるけれども、今の標準的な字形とは少し異なる形の文字も、多く見られます。

まず〈く〉の例を挙げます。岩手県二戸市には「くるみ羊羹」がありますが、〈く〉の字形が、字源の「久」を崩した形に少し近づけた感じの、起筆部分に二つの小さな鋭角がある形になっているものがあります。「栄宝堂」「佐善商店」のものを挙げておきます（図36）。変体仮名の〔く〕としてもよいのですが、今の〔く〕との違いが少なく、読み難い文字にはなっていません。第二節の図15「長命寺さくら餅」の〈く〉も、字源「久」に少し近づけた感じの書き方になっています。図23に示した「くつわ」の例は、さらに字源に近い形になっていると言えます。

〈し〉にも同様な小異のものが多く見られます。千葉県成田市「米屋」の「栗むし羊羹」の〈し〉は、最初に点があって2画の形になっています（図37）。これも、字源の「之」（音読みはシです）の形に少し近づけた感じのものです。

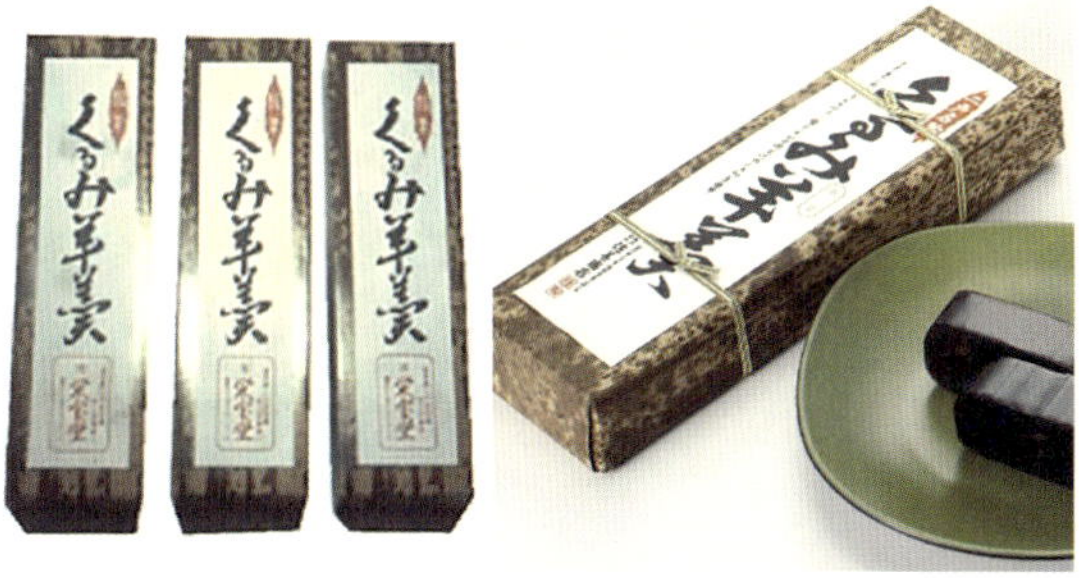

図36

図37

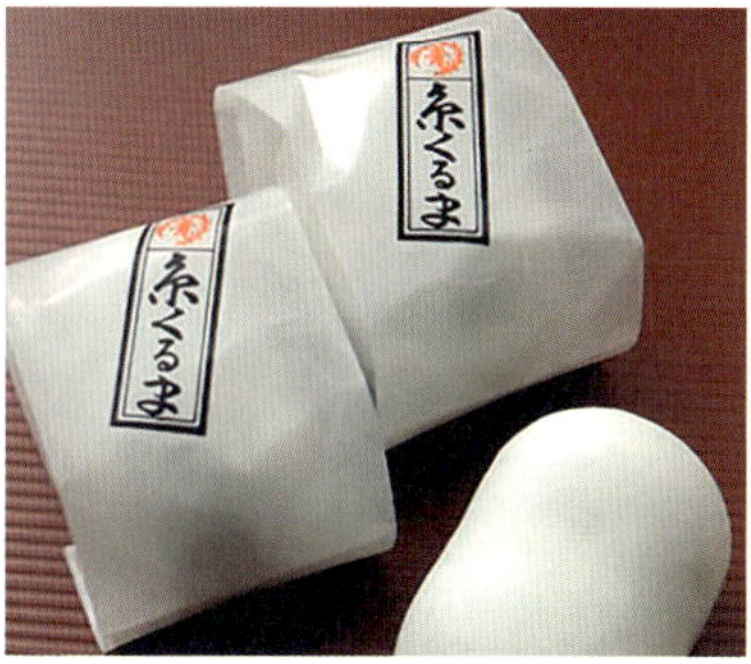

図38

図39

このような〈し〉は、点と2画めが少し曲がって繋がったり、起筆部分を少しくねらせたような形のものも含め、非常に多く見られます。これらにも変体仮名としてよいものがあります（ここでは便宜上〔し〕と示します）が、やはりほとんどはすぐ読めます。

〈ま〉にも、少しだけ異なる形のものがあります。前橋市「青柳」の「糸くるま」（図38）の例を挙げておきます。横棒が2本ではなく、第1画が「つ」のような形になっています。

図31に示した「葵家のやきもち」の俳句の中の「葵まつり」の〈ま〉の仮名の字体もこの字体です。

これも変体仮名〔ま〕としてよいのですが、読むのが難しい字にはなっていません。

これらの字体は、江戸時代にもあったもので、そういう点では変体仮名の例としてよいのですが、読み難い文字にはなっていないので、ここにまとめて示しました。少し昔風にした字形の文字を使用することは、右以外の〈仮名〉、例えば〈も〉や既に示した〔と〕などにも見られ、例は多いのですが、枚挙にいとまがないので、例示はこの程度にとどめます。

このように、読み難い文字にまではせず、字形を少し字源の漢字に近づけるとか、現行の字体の形に近い変体仮名を使用するとか、また例を示しませんでしたが、少し更に崩した形の仮名にするとか、仮名と仮名を繋げて書く等、わずかな違いではあるけれども字形を変えて、昔風・古風・和風等の雰囲気を醸し出そうとしています。これが和菓子パッケージ等の一つの大きな特徴だと言えます。

この傾向に、東京根岸「竹隆庵岡埜」の「こゞめ大福」や岡山県倉敷市「橘香堂」の「むらすゞめ」(図39) に見られるような、繰り返し符号(踊り字)の使用も、含めてよいと思われます。

以上のように見てくると、和菓子パッケージ等の文字は、大なり小なり、昔との繋がりを思い起こさせるものになっていると考えることができます。和歌や昔の文章ををデザインしたものは当然ですが、そうでなくても、漢字の書体を、標準の楷書ではないものを多く使用し、その一部は読み難いものにまでして、また、平仮名にも、読めない変体仮名や、読めるけれど少し古風さを感じさせる字体を混在させるという、これまで見てきた文字の特徴の全てが、過去のもの想起させる趣を有していると言えます。そのような雰囲気づくりをするのに文字が役立っているわけです。

4――魅力

4・1――包装紙・パッケージ等の文字の特徴と魅力

これまで検討してきた結果、次のようなことが分かりました。

（1）和菓子パッケージ等に使用される文字の種類は、予想されるとおり漢字と平仮名が多い(片仮名・アラビア数字は一般的な表記と同じ用法で少し使用されことがある。洋風の特徴をもつ和菓子や国際性が関係する場合には時にローマ字が使用されることもある)。

（2）漢字の書体の使われ方は、書体が醸し出す趣や歴史的あるいは現代の使用状況から見て、各書体に正に似合わしい部分に配置されていると言える。すなわち、

①楷書は、崩さずに書き、容易に読め、現代の標準書体であるという特徴から、確実に読んでもらいたい、注意書き、住所、創業年の表記などに使用される。

②行書は、少し崩して書き、江戸時代等では一般的な書体であったという特徴から、読んでもらいたいが少し古風にしたい、菓子名・店名、「名物」という文字、土地・地方名などに使用される

③草書は、かなり崩して書き、昔は一般的であったが今は読み難いという特徴から、読めずとも知っているだろう、読めずとも雰囲気が備わればよいという部分、有名な菓子名、有名な寺社名・地名、和歌・俳句などに使用される。

④隷書は、楷書に近いが独特の装飾があり、古い時代の書体であるという特徴から、読んでもらいが雰囲気を備えたい、菓子名・店名、伝えたい語（謹製・菓匠等）などに使用される。

⑤篆書は、字形が極めて複雑で、現代では実印などに使用されるという特徴から、印鑑風のデザインの箇所に赤い字で使用される。

以上に加え、楷書のなかにも印刷書体の明朝体とゴシック体が混在したり、さらに手書き風の書体が混在したりして、多様な書体の混じるものが多い。

（3）変体仮名が菓子名・店名に散見する。

①多くは菓子名・店名のうちの1文字に見られる。（読み難い変体仮名は最小限にとどめるという配慮が感じられる。それでも使用することにより趣が生じる。）

②菓子の種類の普通名詞の場合（「しるこ」「せんべい」「だんご」等）は、2文字が変体仮名になる（「志る古」「せん遍以」「多゛ん古゛」等）ことも多い。

また、使用される変体仮名の特徴として、

③現代の字体よりも字形の複雑な字体が多い。多くは一般の人々にとっては読み難いものである。

〔以〕〔起〕〔古〕〔志〕〔寿〕〔多〕〔知〕〔祢〕〔能〕〔奴〕〔遍〕〔波〕〔羅〕等

これらは、（〔志〕や資料によっては〔古〕など、例外はあるが）江戸語においてもやや特別な字体であったものが多いと見られる。

④現行の字体よりも字形の単純な字体は少ない。

〔え〕等

（〔う〕〔セ〕〔さ〕〔よ〕〔そ〕〔ワ〕がなかった等）

⑤現行の字体とあまり変わらない字形のため読めるが、ある程度の古風さを喚起させる字体の使用も見られた。

〔く〕〔し〕〔て〕〔ま〕等

以上の特徴に共通する点は、いかにもそれらしい似つかわしさと、過去の時代を想起させる雰囲気の形成です。そこから、和菓子らしい、伝統を感じさせる趣が醸し出され、菓子の見た目や味とともに、和菓子の魅力を生み出していると考えられます。

4・2――これからの和菓子パッケージ等と文字

2017年5月に出版された『新しい和を見せる！パッケージ&グラフィックデザインコレクション』（グラフィック社）という本には、「和」をテーマにした最近の商品パッケージが多く載っていて、その美しさや工夫が楽しめます。第1章「お菓子」には28の菓子店・会社の色々な商品が集められています。なかには、「亀屋良長」や「鶴屋吉信」など京菓子の老舗も含まれています。

若い人へのアピール等のためか、洒落たデザインの中の文字は、商品名・店名などをローマ字で表記しているものが目に留まります。そのようななか、漢字は、様々な書体で使用され、「篆書」のものまであり、まだまだ好まれ、意匠を凝らせる可能性を感じさせます。

ただ残念なことに、変体仮名の使用例は一つもありませんでした。読み難く古めかしい変体仮名は、新商品にふさわしくないのかもしれません。

しかし、変体仮名は、過去との繋がりを感じさせてくれるものです。過去の偉大な財産である古典文学作品が好きな若い人は、今でも結構いますが、それが書かれた昔の文字にまで興味を持つ人はあまりいません。現代の和菓子に残る変体仮名は、和菓子の魅力の一端を担いつつ、昔の文字を身近に感じられる、貴重な存在だと言えます。できることなら、和菓子の世界には、これからも変体仮名が残ってもらいたいと希望します。

なお、今回はあまり多く変体仮名の例を集められなかったため、例えば創業の古い菓子店の和菓子は変体仮名使用が多いか等の分析ができませんでした。今後の課題とします。

読書案内

室町時代に京都で創業し、明治時代に東京へ移った赤坂の老舗「虎屋」が、和菓子文化の伝承等のために設立した虎屋文庫編の『和菓子を愛した人たち』（山川出版社、2017年）は、歴史上有名な人物、紫式部から豊臣秀吉・徳川家康そして夏目漱石・森鷗外など、百人に関わる和菓子のエピソードを紹介する興味深い本です。和菓子とともに古文献の写真も多く、山東京伝のところには、第2節で触れた「まんちう」の表記が、「米《よね》饅頭」の辻売り図に見られます。また虎屋の「ホールインワン」に関わる」三菱の岩崎小弥太は、成蹊学園とも関わりの深い人物です。コラムや和菓子の歴史年表も充実しています。

平凡社のコロナブックスの『作家のおやつ』（2009年）・『作家のお菓子』（2016年）も同様のもので、パッケージ等の写真も沢山あってこちらもおすすめです。

第8章

日本人の好きな嗜好品はなにか

——アンケートとイラストの分析、社会学からのアプローチ

小林　盾・川端健嗣

1——謎

1・1——豊かな社会の嗜好品

皆さんは、どのような嗜好品が好きでしょうか。コーヒーや紅茶を朝飲むという人は、多いかもしれません。「疲れたとき、甘いものが欲しくなる」という人もいるでしょう。成人になれば、お酒やたばこに親しむ人もでてくるでしょう。

日本社会は、１９６０年代の高度経済成長を経て、世界でも有数の豊かな国となりました（２０１６年の国内総生産はアメリカ、中国についで世界3位）。その結果、どの嗜好品も入手しやすくなり、スーパーやコンビニに行けばほとんどを百円前後で購入することができます。お酒やたばこは税金が高いため、もう少ししますが、それでも千円以内で十分に買うことができます。

では、日本人は、とくにどのような嗜好品に魅力を感じているのでしょうか。もしかしたら、どの嗜好品にも同じようにファンがいるかもしれませんし、人気が偏っているかもしれません。もしかしたら、男女や年齢といったグループによって、人気の嗜好品に違いがあるかもしれませんし、ないかもしれません。そこで、つぎの謎にチャレンジしてみましょう。

謎 日本人は、社会が豊かになり嗜好品を容易に入手できるなかで、どのような嗜好品をとくに好きなのか。そのとき、どのような魅力を嗜好品に感じているのか。

これまで、人びとがどのような嗜好品を利用しているのかは調べられていますが、「どれが好きか」は分かっていませんでした。よく利用されている嗜好品が、人気かもしれませんが、かえってありふれすぎて不人気かもしれません。

そのため、この章では「どの嗜好品が好きか」をいわば「人気投票」してもらいます。投票の候補者となるのは、代表的な嗜好品であるコーヒー、お茶、菓子、お酒、たばこの5つとします。

1・2――人気の嗜好品、グループによる違いを予想する

謎を解く手がかりとして、仮説を立ててみましょう。まず、全体にどのような傾向がありそう

でしょうか。

５つの嗜好品には、コーヒー、お茶、たばこのように、とくに特別なことがなくても、おもに日常のなかで利用されるものがあります。一方、菓子やお酒のように、「いいことがあった」とか「気分転換したいな」という時など、おもに特別な目的のために利用されるものもあります。どちらがより人気を集めるでしょうか。

おそらく、日常感の強いものは「当たり前」と思ってしまうため、わざわざ「これが好きだ」と思いにくいかもしれません。これにたいし、特別感をもらたす嗜好品は、「好きだなあ」と感じやすいのではないでしょうか。そうだとしたら、以下のように考えられるでしょう。

仮説１　菓子やお酒のように特別感のある嗜好品は、人気が高く、コーヒー、お茶、たばこのように日常感の強い嗜好品は、人気が低いだろう。

つぎに、グループではどのようなバラエティがあるでしょうか。『ライフスタイルの社会学』（小林盾、東京大学出版会、２０１７年）によれば、日本人の食生活や趣味は、男女でも年齢によっても、違いがありました。とすると、好きな嗜好品にも、男女や年齢グループの間でまったく同じというより、なにかしら差がありそうです。

仮説2　好きな嗜好品は、男女グループ、年齢グループによって、違いがあるだろう。

これらを検証するために、この章では量的データであるアンケート結果と、質的データである「好きな嗜好品のイメージ」のイラストを、分析していきましょう。

2――アンケートの分析

2・1――人気投票をする

２０１７年に、アンケート調査を実施しました。対象者は、東京都西東京市の22〜69歳の人びとです。５００人を無作為抽出（ランダム・サンプリング）し、郵送調査した結果、２９６人から回答を得られました（有効回収率59・９％、調査の詳細は小林盾・川端健嗣編『成蹊大学社会調査演習２０１７年度報告書：第９回暮らしについての西東京市民調査』２０１８年）。

このアンケートは、成蹊大学における授業の一環として行なわれました。そのときの様子が図１です。

対象者２９６人の内訳は、男性43・９％、平均年齢47・４歳、現在結婚69・６％／離死別７・８％／未婚20・９％／不明１・７％、中卒２・７％／高卒33・８％／短大卒11・１％／四大卒48・０％／大学院卒４・１％／不明０・３％、自営９・５％／正社員・正規公務員45・６％／派

遣・契約・嘱託社員８・１％／パート・アルバイト15・２％／無職20・６％／その他・不明１・０％、平均世帯所得７５３・８万円でした。

好きな嗜好品については、つぎのように質問しました。お茶は紅茶と日本茶に、菓子は和菓子と洋菓子に分けられています。そのため、選択肢は７つになりました。いわばこの７つの嗜好品が候補者となり、２人まで投票できる人気投票を行ないました。

質問１（好きな嗜好品）　あなたが「もっとも好きな」嗜好品は、どれですか（○は1つか2つ）

（選択肢）和菓子　洋菓子　コーヒー　紅茶　日本茶　お酒　たばこ　その他（　　）　とくにない

嗜好品の数を「いくつでも」とすると、多くの人がほぼすべてを選んでしまい、ほんとうに好きなものが分からなくなってしまいかねません。そこで、上位１つか２つに絞ることにしました。

図１　アンケートの授業の様子（2017年11月）

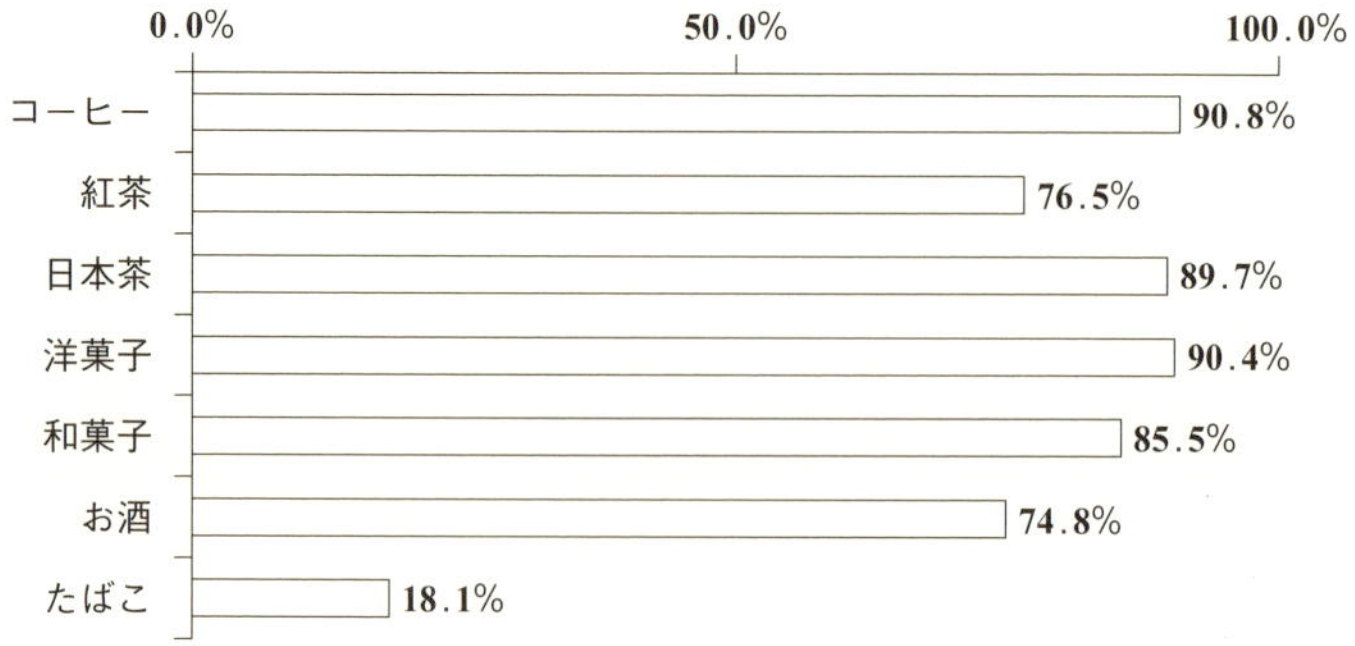

図2　嗜好品の利用率

（注）対象者は296人。「普段利用するか」と質問し、利用する人の比率。

2・2――コーヒー、洋菓子、お酒がビッグ・スリー

アンケートでは、7つの嗜好品について、普段利用しているかどうかも質問しました。その結果の利用率が、図2です。

図から、7～9割の「たばこ以外」と、2割ほどのたばことで、はっきり2つにグループ化していることが分かります。たばこは利用者と非利用者が明確ですが、それ以外はどの嗜好品も幅ひろく利用されいるようです。

では、そのうちどの嗜好品が人気なのでしょうか。図3がその結果です。なお、「その他」として「コーラ」「チーズ」「炭酸水」を挙げた人がそれぞれ1人ずついましたが、分類できないため分析から除いています。「とくにない」という人は、9人いました。

この図から、なにが分かるでしょうか。ここでも、2割以上のコーヒー、洋菓子、お酒と、1割前後のそれ以外とで、2つにグループ化していました。トップ人気はコーヒーで、46％ほどの人が挙げています。つぎが洋菓

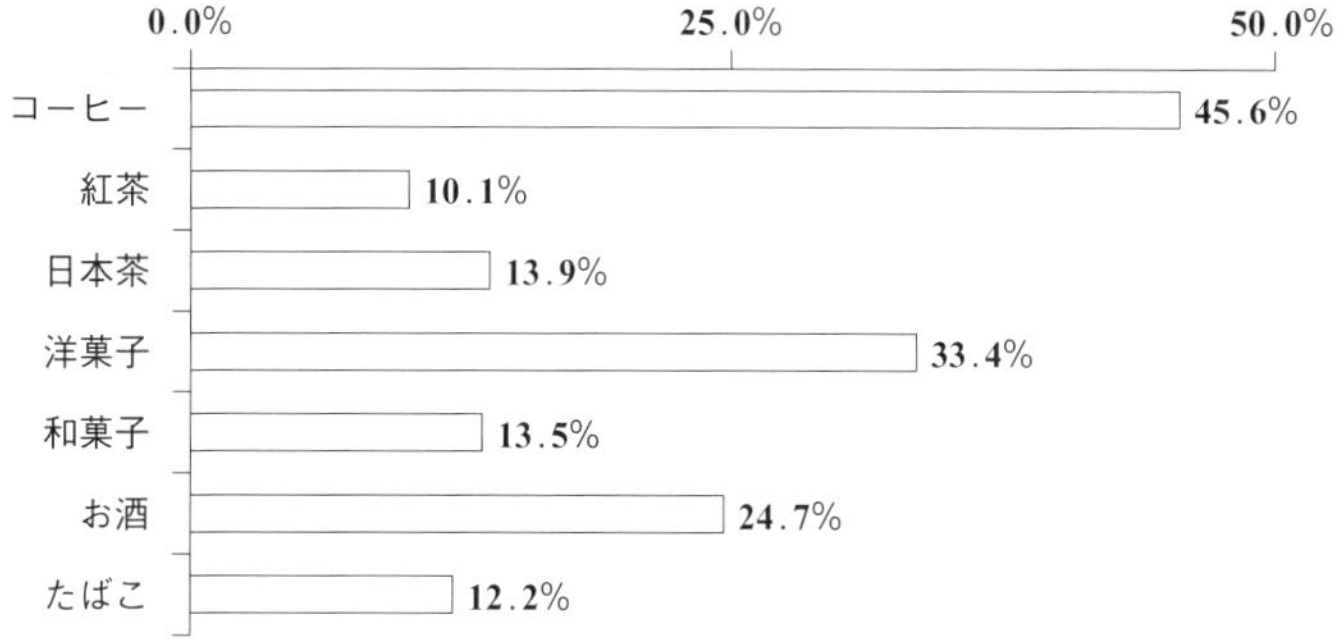

図3　好きな嗜好品の比率

（注）対象者は296人。「もっとも好きな嗜好品を2つまで」と質問した。

子の33%、そしてお酒の25%でした。これらが、人気の嗜好品ビッグ・スリーといえそうです。

1割前後だったのは、多いものから日本茶と和菓子14%、たばこ12%、紅茶10%でした。利用率では（たばこ以外）大きな違いがなかったのに、人気となると4倍ほどの差がついています。

それでは、人気の嗜好品には、どのような共通点があるでしょうか。利用率と比べると、たしかにコーヒー、洋菓子はどちらでも1位と2位です。しかし、お酒は利用者で6位でしたが、人気は3位でした。逆に、日本茶や和菓子は利用者が3位と4位でしたが、人気ではお酒を選んだ人の半分ほどでした。

すると、どの嗜好品が好きなのかは、利用率だけでは決まらず、別の要因があると考える必要がありそうです。それはなんでしょうか。

仮説1では、日常感より特別感があると、人気が高まるのではと予想しました。洋菓子とお酒には、それが当てはまりそうです。コーヒーはどうでしょうか。

たしかにコーヒーは、とくに特別なことがなくても飲むものでしょう。一方、カフェインが多く含まれることが知られているため、「気分転換したい」とか「ちょっと一息いれたい」という時に、飲まれることも多いでしょう。その結果、いわば「プチ特別感」が得られるため、人気があるのかもしれません。

なお、気分転換という点は、たばこにも共通しそうです。ただ、たばこは利用率が18%と低いため、票数が伸びなかったようです。試しに、「ある嗜好品の利用者のうち、どれくらいの人がその嗜好品を好きか」を計算したら、たばこが67・2%で最多でした。つぎがコーヒーで50・2%でした。

このように、たばこは「少ないながら、熱心なファンがいる」嗜好品といえそうです。これにたいし、コーヒーは「幅ひろくファンをもつ」嗜好品のようです。

2・3——女性の好きな嗜好品、若い人の好きな嗜好品

男女や年齢によって、嗜好品の人気に差があるのでしょうか。そこで、男女グループ、年齢グループ（ここでは40代以下と50代以上）で、好きな嗜好品を比べてみました。その結果が、図4です。

この図の左は、男女による違いを示しています。すると、女性ほど紅茶、洋菓子、和菓子を好

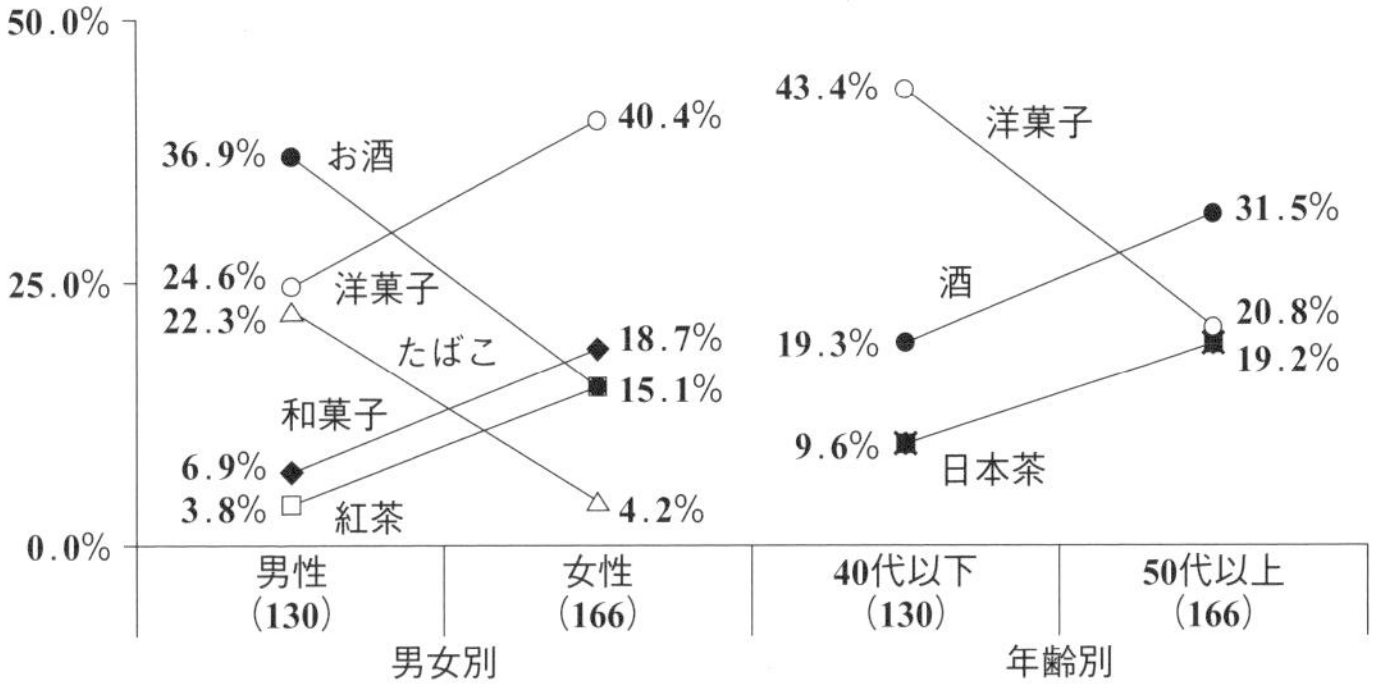

図4　男女グループ、年齢グループ別、好きな嗜好品の比率

（注）対象者は296人。（　）内は人数。統計的に有意な差のみ表示。コーヒーでは差がなかった。女性のお酒と紅茶はどちらも15.1％。

きで、男性ほどお酒とたばこが好きでした。年輩の人（50代以上の人）ほど日本茶とお酒が好きで、若い人（40代以下の人）ほど洋菓子に人気がありました。これらの違いは、統計的に意味があり、西東京市全体でも違いがあることが保証されます（分散分析で有意水準5％未満）。

コーヒーは、男女でも、年齢でも、違いがありませんでした。つまり、どのグループでも同じように人気でした。

これらの結果から、女性の間では男性と比べて、紅茶と（洋菓子・和菓子といった）菓子に人気があり、お酒とたばこは人気が下がりました。若い人の間では年輩の人と比べて、洋菓子に人気があり、日本茶とお酒は敬遠されていました。これらは、おおむね私たちのイメージに一致しているのではないでしょうか。

こうして、7つの嗜好品のうち5つで男女差があり、３つで年齢差があることが分かりました。

3――イラストの分析

3・1――好きな嗜好品、苦手な嗜好品のイラストを描く

アンケートとは別の視点から考えるために、イラストを分析してみました。20代大学生10名（うち男性３名）に、以下のように「好きな嗜好品」「苦手な嗜好品」を、イラストで表現してもらいました。

質問２（好きな嗜好品、苦手な嗜好品）　Ａ４判の紙を横にし、真ん中に線を引いて、左に「好きな嗜好品のイメージ」、右に「苦手な嗜好品のイメージ」を、自由にイラストで描いてください。イラストの近くに「なにが描かれているのか」を文字で記述してください。

嗜好品の範囲がどこまでかは、とくに限定していません。想い浮かんだものを、いくつでも、なんであっても、自由に描けます。イラストだけでは分かりにくいことがあるので、文字で補足していいます。

アンケートの分析には、統計を用いた方法が確立しています。しかし、こうしたイラストの分

析方法は、まだはっきり決まっていません。ここでは、「写真法」という写真の分析方法を参考に、検討していきましょう（外山紀子他編『若者たちの食卓：自己、家族、格差、そして社会』ナカニシヤ出版、２０１７年で、筆者のうち小林が写真法を用いて食事の分析をしました）。

3・2――カフェ・ラテは好きだけどブラック・コーヒーは苦手

どのように描かれたでしょうか。典型例を、男女一名ずつ挙げておきます（図5、上が男性、下が女性）。

10名のイラストを見ると、好きな嗜好品のほうが、苦手なものよりはるかに多く描かれていました。図下の女性は好きな嗜好品を6個イメージしたのにたいし、苦手は3個です。好きなものとして、洋菓子・和菓子・ポテトチップなどの菓子や、コーヒー、（紅茶・緑茶といった）お茶が多く共有されていました。お酒は、挙げている人といない人が半々くらいでした。たばこでは、シーシャ（水たばこ）という人が1人いました。

図下の女性の左には、好きな嗜好品としてガトーショコラ（洋菓子）、さきいか（甘くない菓子）、カフェ・ラテとフラペチーノ（どちらもコーヒー）、お酒（確認したらサワーとのこと）があります。図上の男性の左は、お酒だけが好きな嗜好品としてイメージされています（日本酒、ビール）。

苦手な嗜好品はどうでしょうか。喫煙者が10名中1名ということもあり、たばこを挙げる人が

図**5**　好きな嗜好品（左）と苦手な嗜好品（右）のイラスト

（注）図上は20代男性大学生、下は20代女性大学生による。

多くいました（図下の女性の右など）。他に、お酒、コーヒーという人がいたり（図下の女性の右など）、少数ですがエナジー・ドリンク、どら焼、野菜ジュースとフルーツ・ジュース（図上の男性の右）という人もいました。苦手なほうに、お茶や菓子はほとんど挙がりませんでした。

これらの結果は、アンケート結果と一致しているでしょうか。アンケートでは、コーヒー、洋菓子、お酒が好きな嗜好品のビッグ・スリーでした。イラストでも、おおむね同じようなパターンとなっていました。やはり、特別感のあるものが、人気のようです。

ただし、図下の女性は、コーヒーのうちカフェ・ラテとフラペチーノは好きですが、たんなるコーヒー（確認したらブラック・コーヒーとのこと）は苦手です。また、お酒のうちサワーは好きですが、ビールは苦手でした。他に、ビールとハイボールは好きだけど、日本酒と焼酎は苦手という人がいました。

アンケートでは、７つの嗜好品を分析しました。しかし、人びとは「このコーヒーは好きだけど、あのコーヒーは苦手」のように、嗜好品を心のなかでもっと細かく分けたうえで、「好きかそうでないか」へと振りわけているようです。たしかに私たちは、いくらコーヒーや洋菓子が好きだったとしても、「どれでもよい」わけではなく、もっとピンポイントに好みがあるものでしょう。「このお店のじゃなければ」という人も、いるかもしれません。

なお、（この分析では人数が10人と少ないのですが）おおむね男性は好きな嗜好品にお酒を、女性は洋菓子を描くことが多かったようです。苦手なほうは、男女であまり違いがありませんが、女性にコーヒーを挙げる人がやや多くいました。全員が20代のため、年齢による比較はできません。

4――魅力

4・1――人気があったのは

（1）この章では、豊かな社会に生きる日本人が、どのような嗜好品を好むのかという謎を立て、チャレンジしました。

（2）そこで、まずアンケート調査を実施し、好きなものを2つまで人気投票してもらいました。その結果、人気の嗜好品のビッグ・スリーはコーヒー、洋菓子、お酒であることが分かりました。また、男女でも、若いか年輩かでも、好みが分かれていました。ただし、たくさんの人が利用する嗜好品ほど人気かというと、かならずしもそうではありませんでした。

（3）つぎに、イラスト法を用いて、「好きな嗜好品」と「苦手な嗜好品」を自由に描いてもらいました。その結果、好きなものが苦手なものより多く、人気の嗜好品はおおむねアンケート結果と一致していました。ただ、「このコーヒーは好きだけれど別のコーヒーは苦手」とか「あのお酒は好きだけどこのお酒は苦手」というように、人びとは嗜好品を細分化して捉えていることも、分かりました。

（４）このように、アンケートとイラストを組み合わせるなど、複数のデータ（とくに量的データと質的データ）を用いることを、「混合研究法」といいます。１つのデータで分析する場合と比べ、より複眼的でしっかりと分析することができます。

以上から、２つの仮説は以下のように検証できるでしょう。

仮説1の検証結果　アンケートから、コーヒー、洋菓子、お酒という人気ビッグ・スリーは、どれも特別感やプチ特別感があり、人気が高かった。イラストから、これらに加え、（日常的ながら）お茶も人気があった。したがって、仮説はおおむね支持された。

仮説2の検証結果　アンケートから、好きな嗜好品は男女グループ、年齢グループで違いがあった。イラストから、男女グループで描かれるものに差があった（イラストでは年齢がみな一緒なので比較できない）。したがって、仮説は支持された。

4・2——特別感か日常感か

では、こうした検証結果から、人びとは嗜好品にどのような魅力を感じているのでしょうか。アンケートの分析から、どうやら特別感のあるものが、人気となるようでした。ただ、それだけでしょうか。

イラストの分析から、お茶、和菓子、駄菓子など、日常感の強いものも、好きな嗜好品として描かれることがありました。これらを考えあわせると、以下のように謎に回答できることでしょう。

謎への回答　コーヒー、洋菓子、お酒では、特別感が嗜好品の魅力となり、日本人に幅ひろく人気がある。ただし、お茶や和菓子などでは、逆に日常感が魅力となり、それらを好む人もいる。

嗜好品は、もともと「個人の好み」がよく現れるものです。そのため、「嗜好品の魅力はなにか」に、正解があるわけではありません。特別感でも日常感でも、それ以外でも、自由に魅力を感じとれればよいのでしょう。皆さんも、もし好きな嗜好品をみつけることができれば、生活にアクセントや彩りが加わり、より豊かなライフスタイルを送れるかもしれません。

読書案内

嗜好品は、社会学では文化社会学という分野で研究されてきました。たとえば、筆者のうち小林は小林盾『ライフスタイルの社会学：データからみる日本社会の多様な格差』（東京大学出版会、2017年）で、食べ物や飲み物に格の違いがあって、人びとはうなぎや寿司、コーヒーや紅茶やワインを格の高いものと考えていることを明らかにしました。これにたいし、カップ麺やポテトチップ、コーラや焼酎は格が低いようです。また、美人やハンサムが得なのか、何人の恋人と交際すれば結婚できるのかなどが、ひろくライフスタイルという枠組みで分析されています。

謝辞

本研究はＪＳＰＳ科研費ＪＰ17Ｋ１８５８７の助成を受けたものです。

第9章　たばこはスポーツとどう関わってきたのか

――彩りから禁止への変遷、社会学からのアプローチ

稲葉佳奈子

1――謎

東京オリンピック・パラリンピック開催をひかえて、日本では東京を中心に「たばこ規制」の機運が高まっています。とくに近年、非喫煙者がたばこの煙を吸ってしまう「受動喫煙」の健康への影響が医学的に指摘され、その対策として、公共施設や飲食店など人が多く集まる場所の禁煙が検討されるようになったのです。オリンピックを主催し、オリンピックでおこなわれるさまざまな競技を統括する組織である国際オリンピック委員会（ＩＯＣ）は、１９８８年のカルガリー大会以後、会場の禁煙化を方針とし、さらに２０１０年には世界保健機構（ＷＨＯ）と「たばこのない五輪」の実現をめざす協定を結びました。これに同調して、表１に示すとおり、２００４年のアテネから２０１８年のピョンチャンまで、すべての開催都市が屋内施設での喫煙

表1　オリンピック・パラリンピック開催都市の受動喫煙対策

開催年	開催都市	制定年	対象
2004	アテネ	2000	禁煙：医療施設、飲食店、職場など
2006	トリノ	2005	禁煙：医療施設 分煙：官公庁、教育施設、飲食店など
2008	北京	2008	禁煙：医療施設、教育施設 分煙：官公庁、飲食店など
2010	バンクーバー	2008	禁煙：公共施設、職場、飲食店など
2012	ロンドン	2006	禁煙：公共施設、飲食店など
2014	ソチ	2013	禁煙：官公庁、医療施設、教育施設
2016	リオ	2009	禁煙：公共施設、飲食店など
2018	ピョンチャン	2015	禁煙：公共施設、飲食店など

を規制する法律や条令を定めています。次の開催都市である東京が、あるいは日本の社会が、２０２０年に向けてこの問題についてどう対応するのか注目されているのは、そのような経緯があるためです。

オリンピック・パラリンピックの開催にかかわるたばこ規制の流れについて、皆さんはどのような印象をもちましたか。ＩＯＣがＷＨＯとの協定を通じて見解を示したように、スポーツや運動は健康なライフスタイルと結びつくものであり生活習慣病のリスクにつながる習慣とは相容れない、と考えた人が多いのではないでしょうか。

さてここで、ひとつのデータを紹介します。著者が体育学部の大学生を対象として２０１７年10月におこなった、喫煙についてのアンケートの結果です。それによると、体育会に所属もしくは競技レベルの向上を目指して活動している学生76名のうち、喫煙者は男性１名だけでした。また、図１のとおり、アスリートがたばこを吸うことについて、非喫煙者75名のうち25名が「競技に影響が出るなら望ましくない」と答え、39名が「競技への影響の有無にかかわらず望ましくない」と答えました。このことから、今回対象となった学生アスリートの99％が非喫煙者で、そのうち85％が喫煙に対してよくない印象をもっていることがわかります。

厚生労働省の調査によれば、２０１４年現在で20代の喫煙率は男性で約36％です。それと関連させてみると、上記のデータにおける低い喫煙率やネガティブな喫煙観には「アスリート」という要素が影響したと考えられるかもしれません。少なくとも、スポーツとたばこをめぐる社会的な動向に逆らわない傾向が示されたといえるでしょう。この点についても、おそらく皆さんは違和感をもたなかったのではないでしょうか。そうであるなら、現代社会では、多くの人がスポーツとたばこの関係について厳しい目をもっているということになります。

しかし、歴史的にみれば、スポーツとたばこはつねに「相容れない関係」だったわけではありません。オリンピックを

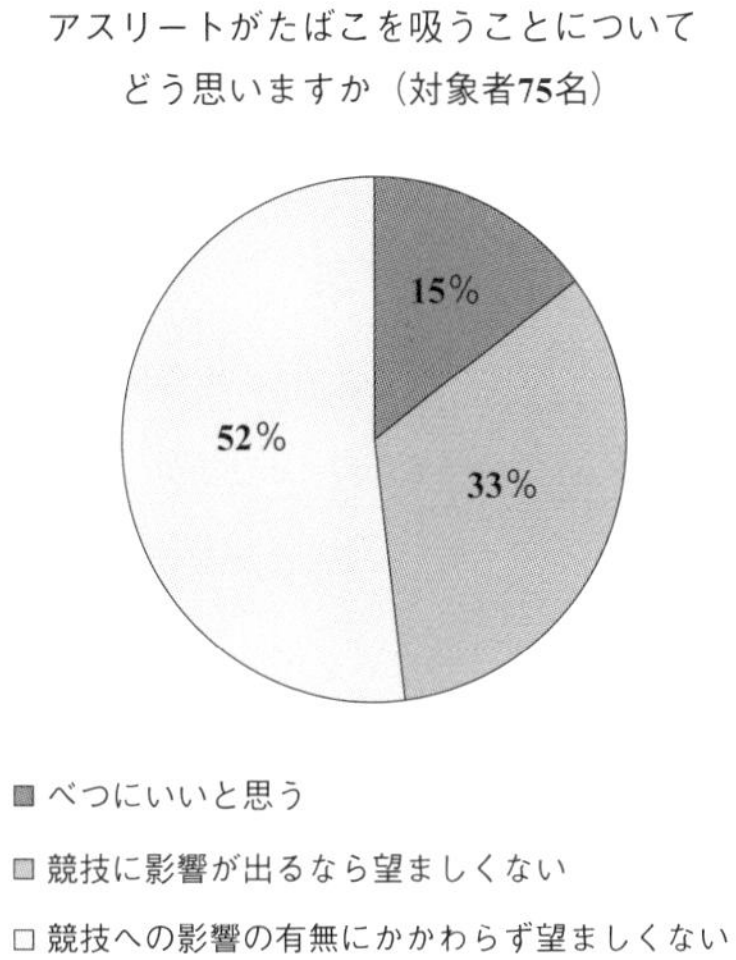

図１　体育学部生を対象としたアンケートの結果

含む競技大会において、あるいはアスリートの習慣として、観戦のアイテムとして、さまざまな関わり方をしてきたのです。では具体的に、どのようなところにどのようなかたちで「スポーツとたばこの関係」がみられるのでしょうか。そして、どのようなプロセスを経て、こんにちのようなあり方に至ったのでしょうか。この章では、こうした疑問について、おもに新聞記事を資料として用いながら事例を確認していきましょう。

2——たばこが支えたスポーツ

先ほど述べたとおり、近年のオリンピック・パラリンピック開催都市は、「たばこのない五輪」を実現するための対策をとってきました。しかし、かつてオリンピックでは、大会の記念グッズとしてたばこが販売されていたのです。古い記録としては、１９２４年の新聞記事に次のような記述があります。

巴里《パリ》のオリムピック大会では記念切手が売り出された。……政府は更に「一九二四年オリムピックゲームズ」と云うレッテルをつけた煙草をも売り出すさうだ（東京朝日新聞、１９２４年5月21日）。

１９２４年の第8回オリンピック大会はフランスのパリで開催され、44の国や地域から３０８８名の選手が参加しました。選手の派遣が始まった１９１２年から数えて３大会目となる日本選手団の選手は19名、レスリングで銅メダルを獲得しています。そのパリ大会を記念して、切手や大会名を冠したたばこを国が売り出したのでした。

パリ大会以降、いくつものオリンピック大会の開催、そして戦争による返上・中止をはさんで迎えた１９５９年。終戦から14年が経ったこの年、ミュンヘンでのＩＯＣ総会においてオリンピック第18回大会の開催地が決まりました。それが、アジアで初となる１９６４年の東京大会です。開催が決まり、スポーツ界だけではなく国や企業、地域社会や学校などそれぞれがオリンピックに向けて動き始めようとするなか、浮上したのが資金の問題でした。オリンピックの開催地は、大会運営それ自体だけではなく、競技施設にかかる費用、道路や空港、通信施設や宿泊施設などにかかる費用、選手強化にかかる費用などを確保しなければなりません。そこで大会組織委員会が目を付けたのは、記念切手やメダルの販売、そしてたばこでした。現在の日本たばこ産業株式会社（ＪＴ）にあたる日本専売公社と手を組んで、まず考案されたのは「抽選券付きたばこ」の販売です。食品やたばこなどを景品とする抽選券を付けたたばこを小売店で販売し、その売り上げの一部を開催資金に充てる見込みでしたが、売れ行きは芳しくなく、資金は思うように集まりませんでした。そこで１９６３年、「オリンピックたばこ」の販売で巻き返しをはかります。

図２　「オリンピアス」の新聞広告（左）とポスター（右）
（左：読売新聞1963年４月16日、右：行吉正一・米山淳一編『東京オリンピックと新幹線』青幻舎、125頁）

新たばこの名は〝オリンピアス〟。……値段は十本いり六十円でうち十円はオリンピック寄付金。……デザインは表裏とも薄いパステル・グリーンの地色に新聞活字体の〝Ｏ〟を大きく白抜きにし、陸上トラックにみたて内部のフィールドにあたる部分をウグイス緑色にしてその上部に黒で〝ＯＬＹＭＰＩＡＳ〟やや下に金色で五輪マークがはいっている（朝日新聞、１９６３年3月15日）。

図2をみると、新聞広告には「オリンピアスでオリンピックに協力しましょう」と呼びかけるコピーがつき、ポスターと新聞広告の双方に、寄付金の割合やパッケージのデザインなどの詳細が記載されていま

す。一箱10本入りで60円の購入金額のうち10円がオリンピック寄付金とありますが、同じ時期におこなわれていたオリンピック10円募金と同じ金額を、期間限定たばこの購入によって寄付できたということです。このたばこは1963年4月から1964年10月まで販売され、3億2000万円の寄付金を集めるヒット商品となりました。現在でいえば10億円を上回る金額ですから、企画は成功したといえるでしょう。「オリンピックたばこ」として販売された「オリンピアス」以外では、1964年販売の「TOKYO64」という高級銘柄がありました。紹介記事には「ニコチン含有量もいままでのたばこにくらべ、もっとも少なくなっており、外人客および高級喫煙者の好みにぴったりしている」（朝日新聞、1964年8月4日）と、オリンピックイヤーらしく海外の嗜好を意識した記述がみられます。ほかにも、当時の代表的なたばこの銘柄「ピース」は、オリンピック競技が描かれた20種類の特別パッケージがバラ売りされるなど、たばこはオリンピックムードの盛り上げにも一役買っていたようです。

一方、競技別でみると、とくにたばことの関係が強かったのはモータースポーツで、競技における多くの側面がスポンサー契約というかたちでたばこ会社に支えられてきました。たばこ会社はモータースポーツの大会あるいはチームに資金を提供し、その見返りとして、レースで走る車体がたばこの広告媒体となっていたのです。自動車レースの最高峰といわれるフォーミュラ1（F1）の場合、1968年のモナコ・グランプリで、チーム・ロータスの車体が「ゴールドリーフ」という銘柄のパッケージと同じ赤と白で塗られたことから、たばこ会社による支援がはじ

図3　「マイルドセブン」ロゴ入りF1カー
(https://www.nttdocomo.co.jp/info/news_release/page/20040129e.html)

まります。それ以降、「マルボロ」、「ジタン」、「キャメル」などさまざまな銘柄のパッケージデザインとロゴが車体に反映されるようになりました。日本のたばこ会社としては、１９９４年にＪＴがベネトンとスポンサー契約を結び、図３のようにチームの車体に「マイルドセブン」のロゴがはいったことが知られています。これによって、Ｆ１では、名門チームすべてが同じ時期にたばこ会社をメインスポンサーにすることとなります。ヨーロッパを中心に、Ｆ１のテレビ中継はオリンピックやサッカーのワールドカップに次ぐ人気があり、スポンサーになることによって世界的に銘柄の知名度が上がるという大きな宣伝効果が見込めました。したがって、たばこ会社がモータースポーツを支援し、モータースポーツがたばこの広告塔になるという関係は、お互いにとっていいものだったといえます。

ところが、90年代半ばのモータースポーツは、もう一つの事情をかかえていました。社会的な健康志向の高まりにより、たばこの広告を出しづらくなっていたのです。諸外国でたばこの広告を規制する法律が相次いでつくられる流れのなか、１９９３年に「たばこ広告禁止法」が施行されたフランスでやり玉に挙がったのは、モータースポーツにおけるたばこ広告でした。新聞や雑誌などのメディアでたばこの広告がなくなっても、テレビで人気スポーツを観戦するたびにたばこ銘柄のロゴが目に入るということが、問題視されたのです。この動きを受けた国際自動車スポーツ連盟はＦ１のフランス・グランプリの開催中止を決め、それはモータースポーツ界にとって経済的な大打撃となりました。

3――変わりゆくスポーツとたばこの関係

3・1――スポーツイベントとたばこ

「反たばこ」の大きな波は、スポーツ界全体におよびつつありました。そのことはまず、世界的なスポーツイベントにおいて示されるようになります。たとえば１９８７年、カナダのカルガリーは、翌年に開催される冬季オリンピック大会において大規模なたばこ規制を実施する方針を打ち出しました。オーストラリアでは、１９９２年の「たばこ広告禁止法」によって、たばこ会社がスポーツの国内大会のスポンサーとなったり広告を出したりすることが禁止され、その数年後には国際大会についても同様の扱いとなりました。１９９７年にイギリス政府が示した、たばこ会社がスポーツイベントのスポンサーになることを違法とする意向は、２００３年に法制化さ

図４　2002年世界禁煙デーの公式ポスター
（http://www.who.int/tobacco/wntd/2002_materials/en/）

れました。そして国際オリンピック委員会（ＩＯＣ）も、従来からの「たばこから離れる」姿勢を改めて明確にしました。オリンピックを中継するテレビ局などに対して、たばこ会社とスポンサー契約を結ばないよう徹底して指示することを、１９９７年に正式決定したのです。オリンピックやその他の国際大会は、開催に莫大なお金がかかるため、スポンサー企業による資金提供がなければ成り立ちません。それでも、ＩＯＣをはじめとするスポーツ界の中枢がたばこ会社からの支援は受けないということを決めたのは、有力なスポンサーを手放すことによる経済的デメリットと、たばことスポーツが結びつくことによるイメージの低下というデメリットを天秤にかけた結果、後者をより重視したということでしょう。

日本でも１９９０年、「ラーク」というたばこの銘柄を冠して開催されていたスキーの国際大会について、全日本スキー連盟がたばこ会社による支援を禁止する指示を出しています。これは、たばこ会社を公式スポンサーの資格から外していた日本オリンピック委員会（ＪＯＣ）の方針に沿ったものだといえます。また、日本と韓国の共同開催となった2002年サッカーワールドカップは、国際サッカー連盟（FIFA）の要請によって、史上初の「禁煙ワールドカップ」としておこなわれました。IOCと同じく、FIFAもまた世界保健機構（WHO）の「タバコ・フリー・イニシアティブ」というプロジェクトへの協力を表明していたためです。奇しくもワールドカップの開会日と重なった、この年の世界禁煙デーのポスターは、さまざまなスポーツ種目をモチーフにしたデザインとなりました。図4をみると、「tobacco free sports—play it clean」というスローガンとともにIOCやFIFAのロゴが記載されているのがわかります。

3・2——プロ野球とたばこ

1990年代を中心とする、広告禁止の法制化や大会スポンサー降板などの世界的な流れと並行して、日本ではプロ野球選手の喫煙が問題視されるようになります。もともと選手が人前でたばこを吸うのはめずらしいことではなく、野球の現場の人びとに限らずファンもまた新聞記事やテレビ中継を通じてそれを認識していたことから、「反たばこ」の潮流のなかで問題を明示しやすかったのでしょう。

今シーズンはじめて勝利投手となった別所は「久しぶりでたばこがうまい」と大きく紫煙をはき出しながら「……これまでもブルペンではいつもよいんだが、マウンドへ上るとやられていた。しかしこれで壁が突き抜けられた気がする」と語った（読売新聞、1958年5月2日）。

これは1958年、プロ野球セ・リーグ巨人対阪神戦において9対2で勝利した読売ジャイアンツの別所選手が、試合後のインタビューに臨んでいる様子です。プロスポーツ選手が、新聞記者に対して煙を吐きながら「たばこがうまい」と堂々と話すなど、現代との違いに驚きを感じる人が多いのではないでしょうか。ところが、ここでは新聞記者の方も、目の前のできごとに疑問を感じている様子はありません。つまりこの時代はまだ、プロ野球選手の喫煙について、それほどネガティブなイメージはついていなかったと考えられます。

プロ野球界においてこうした状況が続く一方で、社会の喫煙観は変化し、新聞では選手の喫煙を批判的にとらえる視点が出てきます。

医学的常識では、たばこは有害とされている。とくに、体を酷使するスポーツ選手にとって、よかろうはずはない。……プロ野球でも、チェンジの度ごとに吸う人をよくみる。喫煙は個人の自由だ。だが、間違いなくいえることは、本当に賢明で、長続きするしっかり者の一流選手はたばこなんかに見向きもしない（朝日新聞、1976年9月20日）。

ところが、70年代半ばに出たこうした指摘は、選手の喫煙習慣に影響をおよぼす大きな力にはつながりませんでした。

東京・内神田の巨人球団事務所で24日、2度目の契約更改交渉を終えた駒田徳広内野手は、記者会見の前にたばこを1本、ゆっくりと吸った。「サインしたから、一応満足です」

（朝日新聞、1992年12月31日）

この記事から、プロ野球選手が、契約更改の記者会見という多くの注目を集める場でたばこを吸っていたということ、そして、現場にいた新聞記者がその姿を問題とみなさなかったことがわかります。したがって、世界のスポーツが「反たばこ」の方向に舵を切るようになった90年代に入っても、日本のプロ野球とたばこの関係は先ほど示した50年代から変化していないといえるでしょう。1995年、読売ジャイアンツの桑田真澄選手が、契約更改において年俸を大幅に譲歩する条件としてロッカールームの禁煙を求めたことが話題になりましたが、裏を返せばそれだけ選手の喫煙が常態化していたということです。

桑田選手の訴えによって、読売ジャイアンツはロッカールームを全面禁煙とし、禁煙車用と喫煙者用2種類の移動バスを用意することになりました。それから数年間で、他の球団も同様の対策をとり始めます。近鉄バファローズ（現在のオリックスバファローズ）は大阪ドームのロッカーを分煙、コーチミーティングを禁煙としました。福岡ダイエーホークス（現在の福岡ソフトバンクホークス）は、合宿所の喫煙スペースを1カ所に限定しました。中日ドラゴンズは試合中、千葉ロッテマリーンズは練習中ユニフォームを着ているときに限り、全面的に禁煙としました。最後2つの対策からは、ロッカールームや移動のときだけではなく、試合中や練習中にたばこを吸う選手がいたことがうかがえます。当時の新聞によれば、12球団の選手のうち7割近くがたばこを吸っており、それは一般男性の喫煙率を10ポイントも上回っていたようです（朝日新聞、１９９７年5月12日）。メディアや球界内部からの問題提起があるばかりか、健康への悪影響が社会で広く知られるなか「体が資本」といわれるスポーツ選手がむしろ通常よりたばこを吸っているという事実は、プロ野球全体のイメージにも影響しかねません。そうした状況のもと、各球団のたばこに関するスタンスは少しずつ変わっていったのです。ただし、２０１０年代以降も試合中にベンチ裏で喫煙できるチームは残っていたとされていますから（朝日新聞、２０１４年7月19日）、野球とたばこの縁はなかなか切れにくいものなのかもしれません。

4——魅力

日本において、野球選手あるいは野球という文化は、たばことどのように付き合ってきたのでしょうか。それを理解するために、最後に少し歴史をさかのぼってみましょう。

日本には、各地で古くから親しまれてきた運動や競い合いなど独自の身体文化がありますが、現在わたしたちが知っている、一般的に「スポーツ」とされている活動は、幕末および明治期以降に欧米の文化として伝播したものです。当時「戸外遊戯」と呼ばれていたスポーツのなかで、比較的早く日本にはいってきた種目のひとつに野球があります。日本における野球は、１８７２年、現在の東京大学にあたる第一中学校の生徒たちに「お雇い外国人」として来日していたアメリカ人教師ウィルソンが教えたのがはじまりだとされています（中村敏雄ほか編集主幹『21世紀スポーツ大辞典』大修館書店、２０１１年、１２６７頁）。新しい文化、野球のおもな担い手は、当時の学制における高等教育機関の学生たちでした。なかでも現在の東京大学や早稲田大学、慶應義塾大学にあたる学校のチームは、おもに１８７０年代から１９００年代にかけて、学校同士の定期戦、在留外国人チームとの対戦やアメリカ遠征などの活動を通じて野球を広く人々に知らしめ、初期の野球文化の形成に大きな影響をおよぼしました。大正期にはいると、野球が全国的に普及して組織的な試合運営が可能となったことから、１９１５年には「夏の甲子園」の前身である全国中等学校優勝野球大会の開催がはじまり、１９２５年には東京六大学野球連盟が組織されました。

学生を中心に日本で人気スポーツとして定着していった野球ですが、明治の終わりの野球界において独自の存在感を発揮していたのが、早稲田大学野球部のＯＢを中心にしてつくられた天狗倶楽部という集団です。その天狗倶楽部のメンバーについて書かれた、次のような新聞記事があります。

天狗という奴は何に依らず鼻持ちのならぬものだが押川氏以下天狗倶楽部の連中と来たら仕末に不可ない……此頃早稲田の選手仲間に舶来煙草を吹かすことが馬鹿に流行する處から大友とかいう一学生は大枚一圓を投じてゴールドマイン一（かん）を求め友人二三と共に文明館へ活動写真を見に行た……早速煙草を出して捲き始めたが容易に巻けず漸くに巻き終えて紫の煙を吐きつつ意気揚々として居ると何時の間にか火が飛で一張羅の単衣から煙りを上げている……（読売新聞、1909年9月2日）

記事によると、このときの天狗倶楽部では外国製のたばこが流行っていたようです。ある選手が無理をして高価なたばこを買ったものの、紙がうまく巻けず、やっと吸えたかと思えばたばこの火がとっておきの服に飛んで煙が出てしまったという、ちょっとした笑い話です。

もともと、日本でたばこといえば、刻みたばこをキセルなどの道具を使って吸うのが一般的でした。それから、明治期に欧米から伝わったシガレットと呼ばれる紙巻たばこが都市部を中心に需要を伸ばし、大正期に刻みたばこの消費量を上回った結果、現在のたばこのスタイルが主流となっていくのです。また、国産紙巻きたばこの生産体制の整備や、日清・日露戦争における軍への献品などを経て、紙巻きたばこのイメージは国産たばこに結びつく「男らしさ」「勇ましさ」

に変わっていったといいます（館かおる編『女性とたばこの文化誌』世織書房、2011年、218—219頁）。

シガレットが日本に広まる少し前の1897年、スポーツ界では最初のスポーツ総合雑誌『運動界』が創刊され、人気スポーツとして野球がさかんにとりあげられました。雑誌の裏表紙に毎号掲載される広告には、体育・スポーツ用品のほか、文具、時計、徽章などさまざまなメーカーが掲載され、そこにたばこも含まれました。図6の左側は、東京の水谷商店が販売していた英国製たばこの広告です。「水谷商店は優良上等の和洋紙巻、葉巻、刻み煙草類を販売す」とあることから、新旧さまざまなタイプのたばこを輸入販売していたことがわかります。広告でパッケージが掲載されている「ツインクラード」という銘柄は、パイプつきで売られました。一方、右側は1885年から国産たばこを製造販売していた千葉商店の「牡丹印」たばこの広告です。日清戦争のはじまりは1904年であることをふまえ、先にあげた紙巻きたばこイメージの変遷にあてはめるならば、『運動界』が刊行されていた3年間は外国製たばこと国産たばこが共存しつつ、外国製シガレ

図5　『運動界』創刊号表紙
（復刻版『運動界』、大空社）

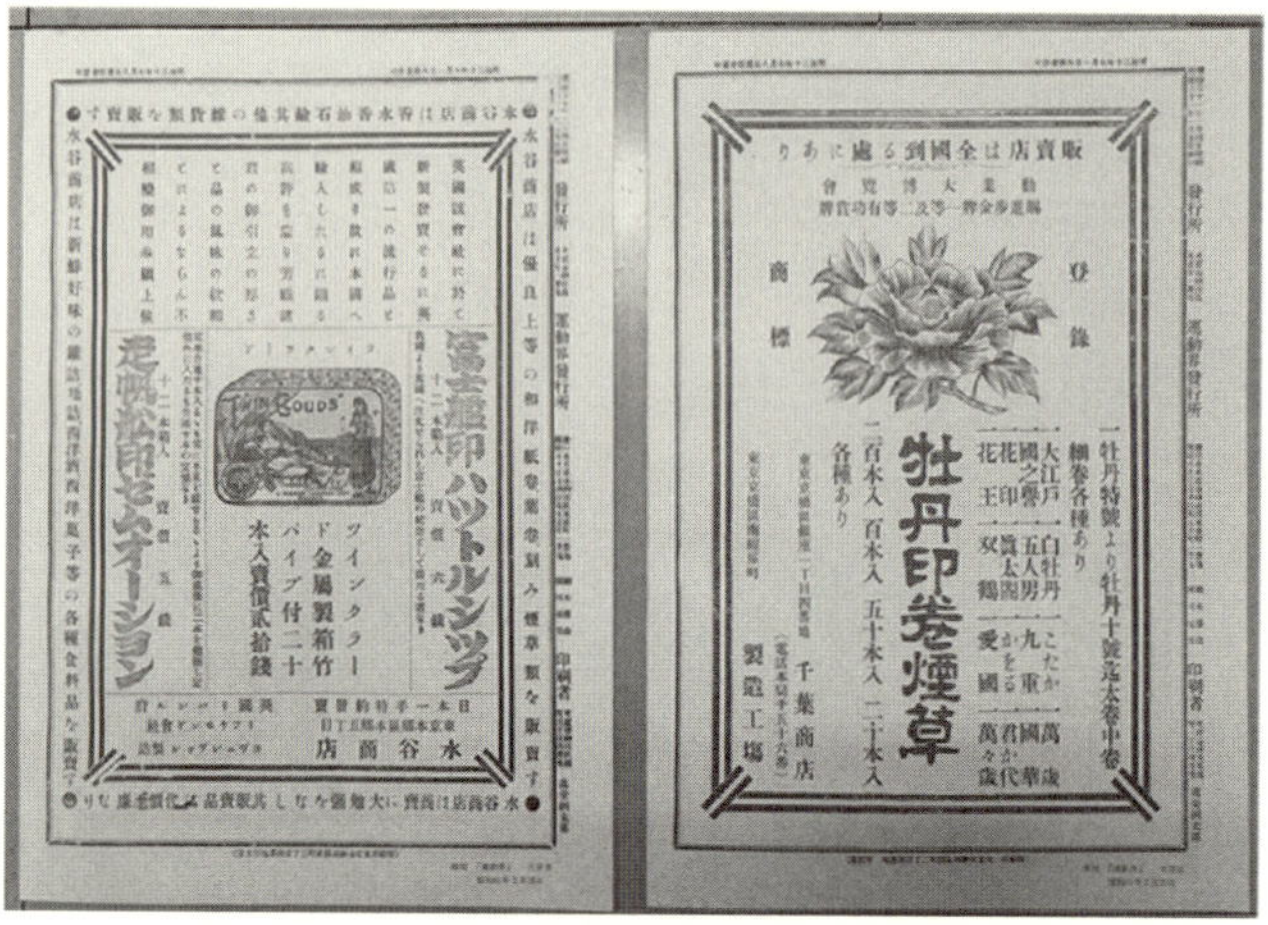

図 6　『運動界』裏表紙のたばこ広告
（復刻版『運動界』、大空社）

ットがもつ「ハイカラ」なイメージが弱まろうとするはじまりの時期だったといえます。

『運動界』に掲載された論説文のなかには、喫煙をはじめとするスポーツ選手によくみられた習慣について、学生として相応しくないという理由で批判するものが散見されます。また、僅かながら、健康への悪影響を科学的な用語で指摘する記事もありました。とはいえ、複数巻にわたって裏表紙一面に載るたばこのパッケージや銘柄のほうが、厳しく難しい論説文よりもはるかに雑誌を読む選手たちの印象に残ったのではないでしょうか。

話を天狗倶楽部に戻します。新聞記事における喫煙の描写から想像するに、この選手が吸ったたばこはシガレットでしょう。天狗倶楽部は、選手や指導者などのスポーツ関係者だけではなく、スポーツを愛好する作家、政財界人、ジャーナリスト、演劇人、軍人などで構成された社交団体としての側面をもっており、メンバーのなかには雑誌を創刊し、スポーツイベントを企画するなど、さまざまな新しい試みを実現する人びとがいました。現代においてイメージされる「野球チーム」とは大きく異なる部分です。それをふまえると、天狗倶楽部において「舶来煙草」が流行っていたこと、選手が映画館で紙巻きたばこを「意気揚々と」吹かしたという1902年のエピソードは、ただの「野球選手の喫煙」としてではなく、当時の東京という都市におけるひとつの文化的状況としての解釈も成り立ちます。

さらに時代を下って1916年、朝日新聞に「野球選手に対するヒントの数々」というタイトルの特集記事が掲載されました。そこに「不断の練習は諸君の弱点を強からしむるものなり」「打撃が当たらなくなりし時は、先ず其の原因をよく研究せよ」といったアドバイスにならんで、「煙草を厳禁せよ。之を喫みたりとて何の役にも立たざるべし」という禁煙の勧めがみられます。つまり選手の喫煙は、このようなリストに含まれるほどよくある光景だったのでしょう。1929年には、野球をモチーフにしたたばこ入れが販売されますが、これは「野球好み」つまり野球ファンの若者をターゲットにしたものでした。

空前の野球時代を現出している今日、野球好みの若人にふさわしい煙草入の表われるのは当然です。この野球好み両切り煙草入は黒のベルベット皮製の渋好みで袋の表には、捕手のプロテットがデザインされ、裏には各大学のネームと紋が入って居り、パイプはバット型の可愛いものの、根しめがボール型の角という総てが野球好みです（読売新聞、1929年11月11日）。

このたばこ入れには「各大学のネームと紋」がついていることから、東京六大学野球の大学ロゴ入り関連グッズだったのかもしれません。1936年の「夏の甲子園」岐阜商業対育英商業の準決勝では、育英商業の応援スタンドでファンがいつもの「チェリー」ではなく「ホープ」を買い込んだため、「ホープ」が売り切れてしまったといいます。チェリー＝散る、ホープ＝希望という言葉遊びによる願掛けでした。

是が非でも育英にかってもらわねばと地元ファンの神経が煙草にまで現れたから面白い、と言うのは日頃のチェリー党もこの日ばかりは希望のホープを態々買込むと言う始末……（朝日新聞、1936年8月20日）。

選手が野球に打ち込み、ファンが新聞やラジオを通じて対抗戦を楽しんだり、球場で観戦したりする、その風景のなかにたばこが自然と溶け込んでいたことが、一連の新聞記事や図7のような写真から想像されます。つまり、当時の日本においていかに「野球とたばこ」のセットが娯楽として人びとに愛され、親しまれていたかうかがえるのです。

　大正期から昭和初期は、新聞社が大会のスポンサーになると同時に紙上で試合について報じ、ＮＨＫが試合のラジオ中継を開始するなど、メディアと強い関係を結ぶことで学生野球が大いに盛り上がった時代でした。その熱狂が、のちに学生野球に対する抑制策をよび、職業野球すなわちプロ野球の誕生にもつながることになります。この時代から60～70年を経て、さらに現在にいたるまでに、野球とたばこの関係は大きく変わりました。プロ野球の成立やスポーツメディアの発達を通じて、野球がますます多くの人びとの目にふれるようになり、それゆえに影響力をもつとみなされ、より高い意識と行動にもとづくクリーンなイメージが選手に求められるようになったことは、そうした変化に少なからず関わっているのではないでしょうか。

図７　新聞に掲載された決勝進出校（左）と応援スタンドの様子（右）
（朝日新聞1936年８月20日）

　野球に限らず、たばことスポーツがかつてのような親密な関係に戻ることは、経済的にも文化的にも、おそらくないでしょう。もちろん、多くの専門家が指摘している以上、パフォーマンス向上の面でも社会への影響力という面でも、アスリートがたばこを吸うのは推奨されることではありません。オリンピック・パラリンピック開催都市が取り組んできた受動喫煙の問題も重要です。そうであっても、歴史をふり返れば、たばことスポーツのさまざまな関わりかたとその変遷がみえてきます。そのなかで、たばこはスポーツの世界に存在し、人びとにとって魅力ある嗜好品としての意味をもち、ある種の「彩り」を添えてきたことを知るのは、スポーツという文化を多層的に理解するうえで重要なのではないでしょうか。

読書案内

清水諭編『新装版甲子園野球のアルケオロジー　スポーツの「物語」・メディア・身体文化』（新評論、2012年）は、学生野球のなかでもとくに高校野球について、そのイメージがつくられるプロセスを歴史的に読み解いています。本文中で紹介した天狗倶楽部が日本の野球文化の形成にどのように関わったのかということも、詳しく述べられています。

執筆者一覧

責任編集

小林　盾（こばやし　じゅん）

イントロダクション、第５章、第８章
成蹊大学文学部現代社会学科教授
経歴　東京大学文学部卒、東京大学大学院人文社会系研究科単位取得退学、シカゴ大学社会学研究科博士候補
学位　修士（社会学）
専門　数理・計量社会学、文化、社会的不平等
主な著書　『ライフスタイルの社会学：データからみる日本社会の多様な格差』（東京大学出版会、2017年）、*Contemporary Japanese Sociology*（編著、Sage、2017年）
好きな嗜好品　紅茶、もなか、カフェ・ラテ

中野　由美子（なかの　ゆみこ）

イントロダクション、第３章
成蹊大学文学部国際文化学科教授
経歴　一橋大学社会学部卒、一橋大学大学院社会学研究科修了
学位　博士（社会学）
専門　アメリカ社会史、先住民史
主な著書　『〈インディアン〉と〈市民〉のはざまで：合衆国南西部における先住社会の再編過程』（名古屋大学出版会、2007年）、『南北アメリカの歴史』（分担執筆、放送大学教育振興会、2014年）
好きな嗜好品　ワイン（日本ソムリエ協会ワインエキスパート）、コーヒー、栗きんとん

執筆者（五十音順）

有富　純也（ありとみ　じゅんや）　第６章

成蹊大学文学部国際文化学科准教授
経歴　東京大学文学部卒、東京大学大学院人文社会系研究科修了
学位　博士（文学）
専門　日本古代史
主な著書　『日本古代国家と支配理念』（東京大学出版会、2009年）、『古代国家と天皇』（分担執筆、同成社、2010年）
好きな嗜好品　日本酒！

稲葉　佳奈子（いなば　かなこ）　第9章
成蹊大学文学部現代社会学科准教授
経歴　筑波大学第二学群卒、筑波大学大学院人間総合科学研究科単位取得退学
学位　博士（学術）
専門　スポーツ社会学
主な著書　『データで読む日本文化：高校生からの文学・社会学・メディア研究入門』（分担執筆、風間書房、2015年）、『ダイナミズムとしてのジェンダー：歴史から現在を見るこころみ』（分担執筆、風間書房、2016年）
好きな嗜好品　コーヒー、ケーキ、チョコレート

岡本　正明（おかもと　まさあき）　第5章
京都大学東南アジア地域研究研究所教授
経歴　京都大学法学部卒、京都大学大学院人間・環境学研究科単位取得退学
学位　博士（地域研究）
専門　インドネシア政治
主な著書　『暴力と適応の政治学：インドネシア民主化と地方政治の安定』（京都大学学術出版会、2015年）
好きな嗜好品　コーヒー、骨せんべい

川端　健嗣（かわばた　けんじ）　第8章
成蹊大学文学部現代社会学科調査・実習指導助手
経歴　同志社大学経済学部卒、東京大学大学院人文社会系研究科単位取得退学
学位　修士（社会学）
専門　社会学、社会的不平等
主な著書　『世界内政のニュース』（共訳、法政大学出版局、2014年）
好きな嗜好品　コーヒー、ハリボー（グミ）

久保田　篤（くぼた　あつし）　第7章
成蹊大学文学部日本文学科教授
経歴　東京大学文学部卒、東京大学大学院人文科学研究科修了
学位　文学修士
専門　日本語学
主な著書　『新訂　日本語の歴史』（分担執筆、放送大学教育振興会、2005年）、『近代語研究第十七集』（分担執筆、武蔵野書院、2013年）
好きな嗜好品　和菓子、チョコレート、紅茶

権田　建二（ごんだ　けんじ） 第4章
成蹊大学文学部英米文学科教授
経歴　一橋大学社会学部卒、東京都立大学大学院人文科学研究科修了
学位　博士（文学）
専門　アメリカ研究、アメリカ文学
主な著書　『アメリカン・ヴァイオレンス：見える暴力・見えない暴力』（編著、彩流社、2013年)、『アメリカン・レイバー：合衆国における労働の文化表象』（分担執筆、彩流社、2017年）
好きな嗜好品　コーヒー、紅茶、スイーツ

佐々木　紳（ささき　しん） 第1章
成蹊大学文学部国際文化学科准教授
経歴　東京大学文学部卒、東京大学大学院人文社会系研究科修了
学位　博士（文学）
専門　中東地域史、トルコ近現代史
主な著書　『オスマン憲政への道』（東京大学出版会、2014年)、カーター・V・フィンドリー『テュルクの歴史：古代から近現代まで』（共訳、明石書店、2017年）
好きな嗜好品　般若湯

竹内　敬子（たけうち　けいこ） 第2章
成蹊大学文学部国際文化学科教授
経歴　東京大学経済学部卒、東京大学大学院経済学研究科単位取得退学、マンチェスター大学大学院人文・歴史・文化研究科修了
学位　Ph.D.（歴史学）
専門　イギリス工場法史、イギリス労働史、イギリスジェンダー史
主な著書　『社会経済史学会80周年記念　社会経済史学の課題と展望』（分担執筆、有斐閣、2012年)、『ダイナミズムとしてのジェンダー：歴史から現在を見るこころみ』（編著、風間書房、2016年）
好きな嗜好品　チョコレート、紅茶、イギリスのパブで飲むビール

成蹊大学人文叢書15
嗜好品の謎、嗜好品の魅力
―高校生からの歴史学・日本語学・社会学入門―
二〇一八年三月三〇日　初版第一刷発行
編　者　成蹊大学文学部学会
責任編集　小林　盾
　　　　　中野由美子
発行者　風間敬子
発行所　株式会社　風間書房
101-0051　東京都千代田区神田神保町一―三四
電　話　〇三―三二九一―五七二九
FAX　〇三―三二九一―五七五七
振　替　〇〇一一〇―五―一八五三
印刷・製本　太平印刷社

NDC 分類：361
ISBN 978-4-7599-2223-3　Printed in Japan